Puzzle 1

```
F M O D S I W G J L I E M N
A C M C M E N O I T A X A L E R I R
O G Y O A Y I R E J U V E N A T E R
Z T N T D N L R S X M J N V T T E Z
A L V E I E O J O W H O B B I E S F
L P S S R L E I K M M K F R M D S O
F C R R Z D I R S N E G E Z E M Y X
U P A E J O L U F N H M T K O V O G
I U E F L G W I Q C E V Z T F H O N
M N Y L H X E R H N R P P R F H L D
B W N E X L Q A T C A U K Y N U L K
G I E C P J K D P S D R S P I L E A
X N D T Z O G A A R A N T Q P Y I F
X D L I A U X V J X A D A E I I S N
F G O O J R I I N Y S E A R L W U X
B S G N I N N I D N O C E S G Z R D
S S Y D G E B Q T N E M Y O J N E F
R P P S M Y B G I L J G C C C R V O
```

Peace	Wisdom	Unwind
Savings	Journey	Pension
Freedom	Leisure	Hobbies
Time off	Memories	Enjoyment
Retirement	Relaxation	Reflection
Rejuvenate	Tranquility	Golden years
Grandchildren	Second innings	

Puzzle 2

```
C T A L T D E T C E N N O C R E T N I Y
W P E V A A C Q L H N W O Y A D I I T T
H Q L C O N N E C T I V I T Y J N P A L
G W P K H Y O X C P U P N I M S T U C E
M T Y A K N N I N P Z F L S O A E P G C
H U K H N F O V T N D E V R N J R I C L
U O L S X O E L D A E D S E O P D A O N
F Q M T K F I D O X N A K V C E E A M O
F V A O I U K T C G H R J I E G P M M I
L Q O Y G N O H A A Y T E D O A E Z U T
N Y O U N E A B M R U C R T D L N O N A
H K C A F N N T W I G Z D Z N L D R I Z
E M R P G L E I I U G E W Q G I E C C I
D T G E W O C S Z O H R T K I V N A A L
Y T T S M U Q N R A N M A N G L C P T A
H V W Y L E Y X U E T A E T I A E E I B
O T O T X W I C N L D I L Y I B V A O O
R B U V P A C D K W H R O L J O L S N L
C R G N I C R U O S T U O N S L N U L G
E A O B W E I V D L R O W B D G H T H I
```

Trade	Culture	Economy
Borders	Exchange	Diversity
Migration	Worldview	Technology
Integration	Outsourcing	Connectivity
Globalization	Communication	International
Multinational	Interconnected	Global Village
Homogenization	Interdependence	

Puzzle 3

```
C  W  H  T  X  L  E  V  A  R  T  R  C  L  U  K
A  V  E  D  V  G  M  Z  V  V  G  S  A  Z  M  C
B  Y  S  R  D  N  I  K  C  E  H  C  R  V  T  T
I  Y  U  I  C  T  F  Y  A  W  N  U  R  T  A  Z
N  K  B  E  C  H  T  Y  P  E  E  W  I  E  J  Y
W  O  S  R  E  G  N  E  S  S  A  P  V  K  E  Z
R  X  I  U  G  I  T  T  M  H  D  V  A  C  T  U
C  U  I  T  B  L  B  F  O  S  J  Z  L  I  L  L
Z  R  W  R  A  F  J  N  U  P  I  L  O  T  A  G
A  S  U  A  G  N  I  D  R  A  O  B  M  N  G  N
W  N  O  P  G  I  I  N  O  I  T  A  I  V  A  G
A  W  K  E  A  G  E  T  J  O  M  M  C  G  B  V
A  V  M  D  G  V  S  J  S  R  R  D  B  W  R  Z
C  R  Z  F  E  H  P  B  E  E  N  I  L  R  I  A
E  F  G  U  W  T  V  Y  T  A  D  G  N  Q  J  Q
T  H  G  I  L  F  R  E  V  O  Y  A  L  U  Z  V
```

Crew	Pilot	Cabin
Flight	Ticket	Travel
Runway	Jetlag	Airline
Arrival	Baggage	Checkin
Layover	Boarding	Terminal
Aviation	Inflight	Departure
Passengers	Destination	

Puzzle 4

```
H N W Y O N T Z Q G Y B E Y U I E Z
L B C Z X W N O M C L J K B E V P H
C T G O T U Z B D A Y F P V N U C X
D F D X M T G C O N F L I C T Y O T
M B J S B M I Y P A R E H T V M P T
S P N S R L U R L U U K C O E U I E
T R O E E A M N W G S Q V D O V N C
N E I N A C D D I A T C I V L S G H
I S T L T G E G E C R T H E U I I N
E I O U H E R R E L A X A T I O N I
D L M F E E L B C T T T E M P E R Q
N I E D G C U O I S I X I L K V A U
T E S N R J N O S N O U X O D X H E
Q N A I U T N E F P N O D W N H K S
Q C K M R P R G I N R E G G I R T E
Q E Z O U T M O K T X X X L A D Q A
E O L I S E L F A W A R E N E S S B
J T K N E D S A H S A P F Q K F Y T
```

Calm	Anger	Coping
Stress	Temper	Emotion
Control	Breathe	Therapy
Trigger	Patience	Conflict
Techniques	Relaxation	Resilience
Meditation	Frustration	Mindfulness
Communication	Selfawareness	

Puzzle 5

```
W T X R I F H E X H B D R Q P A M A P
U O O S G W A P C G M E T S Y S O C E
R C D D N Q B E Y L E R U T A N P S A
X N E A T L I S G K I S I E A K U N K
I B F Y K P T U M S T M C W I X X A O
I E O N S A A O P A K K A M R C C E O
P R R O B E T H I L V I L T A L P C U
B E E I I S B N O I T A V R E S N O C
B H S T O Y A E E N P Z B A Q M G G V
F P T U D B P E W M H O N E X P R N Z
Y S A L I B S R T Q N E C W X E K I Z
F O T L V H B G A P N O I Z S V W L H
A M I O E G T O B E L L R O I Z J C R
A T O P R R D C R O D G U I U V E Y F
Y A N E S K Y G G L L R S C V K P C I
J P K K I C Y I I O C I D H F N A E L
V U I L T X C F R E N E W A B L E R Q
S E V O Y A E V S S Z R H Z Y Y A K B
S Z B Q L I R X F T O W G P I O I V V
```

Nature	Oceans	Carbon
Climate	Habitat	Wildlife
Ecosystem	Pollution	Recycling
Renewable	Resources	Greenhouse
Ecological	Atmosphere	Environment
Conservation	Biodiversity	Clean energy
Deforestation	Sustainability	

Puzzle 6

```
N E X E H T R U M P M W E L W
R O T L R H Y T R U M A N L N
N O S K C A J O J L J S E O Q
J I O L N O S I R R A H S X E
R B X S I Z O K U E B I C J G
E T A O E W P S I V D N A M D
A F E L N V B S G A O G R R I
G A D I Q M E D M S S T T K L
A T P N H N S L R A Y O E I O
N R V C H F G E T S Q N R A O
W J O O L L F C L I N T O N C
M F W L H F Q M F E A B Q N T
P E A N E Y F W D K A E P D P
R L U J O Y V Y V M L B C V D
I Q R Z G X E I A D A M S O N
```

Taft	Obama	Trump
Nixon	Adams	Reagan
Carter	Truman	Wilson
Lincoln	Kennedy	Clinton
Madison	Jackson	Harrison
Coolidge	Jefferson	Roosevelt
Washington	Eisenhower	

Puzzle 7

```
D V Y W Q F S D M R E G A N A M U
D B R A I K D D O V X E Z B D J G
G Z A G L L A B O R M Y V R F F N
Z E L L L O R Y A P E C I F F O O
E J A W O R K P L A C E L J U I I
L N S V W R N O I S S E F O R P T
Q K T S A P Y U G I R G M B K Z A
U U P R B M W W E C Q E S M M J P
U U Y C E K C N I W S A K A X P U
J J R N X P A P O E S O I R F Z C
I O T O B F R O I I Y S L K O M C
G B S I L I E E T V T D L E X W O
S L U T C T E C N R D O S T A M L
I E D A C F R H U E N G M Q S O E
P S N C Y X G Y V T U G D O O B Z
N S I O A P Y E Z N N R M U R Z O
P N S V E N O I T I S O P W S P A
```

Labor	Career	Worker
Salary	Skills	Office
Manager	Jobless	Payroll
Industry	Position	Vocation
Interview	Workplace	Promotion
Occupation	Employment	Profession
Job market	Entrepreneur	

Puzzle 8

```
P S O R T G K Y Y M L Z M H W A B H
P O B R V N T N K X X U A G M S M L
A N N T E M P E R A T U R E E Y E O
Y D U O L C M V F P O A W D I W C D
F D S C I M T Y G J M B Q H S R R A
I T T P Z T K J D P Q D Y C C C E N
T D O N O S A E S N E Q G P Z O T R
G S R G N I N T H G I L O T R Q E O
U U M A M M S D I A R W L H C T M T
G N Y H Z A R J Y P N S O U P H O T
B N D Y C Z A T Y O I G R N M M R M
C Y G E N V I J I K J C O D A L A X
D O R I U D N L C H N Y E E T I B T
R O C G I T Y R B C W Q T R I A V B
F E C M U W C L I M A T E E P H Y D
O O U A O K O K F E B J M I L T B Q
U H G N V N M L G Q Z W H V K X D R
Y N S R A U M Q R K P E Q R A V Q D
```

Fog

Rainy

Cloudy

Climate

Forecast

Lightning

Meteorology

Hail

Windy

Stormy

Thunder

Humidity

Barometer

Precipitation

Sunny

Snowy

Season

Tornado

Blizzard

Temperature

Puzzle 9

```
Y T G K W G X G N I T T I N K T
F S F P R N O N G W R B G W V C
Q C X O I I X I N N H O N Y L W
B G W T T T S K E T C H I N G E
S A Q T I C C R M U J V W Z N Y
Z R G E N E R O V M Y G E U I Y
R D P R G L A W K U R F S B C L
V E N Y O L F D P P G A M I N G
X N A P H O T O G R A P H Y A X
J I N D G C I O X N G I L A D G
Y N Q V I O N W G N I K O O C G
X G A U Y N G K I D N T J Y G J
C Y C L I N G Y H V U R N O G H
A X L R B C A G G N I H S I F D
T S D M G L C T M M U S I C A U
D D L I P I G N I K I H O X C P
```

Music   Hiking   Sewing
Gaming   Cooking   Reading
Fishing   Dancing   Playing
Cycling   Writing   Pottery
Painting   Knitting   Crafting
Gardening   Sketching   Collecting
Photography Woodworking

Puzzle 10

```
C U R G E O L O G Y B D F K X
N M D I S C O V E R Y A H V S
R E S E A R C H V H A E L X R
D H N O I T A V O N N I R E E
O D F X S F N D L S A R Y P C
E S C I S Y H P U A L H M M O
C P C H E M I S T R Y G O O L
Y S O R C O V A I P S X N L O
G H C C T D G O Q I Q O E G
O D F I S A G T N Y S W R C Y
L W Z A T O H Y R O E H T U Z
O E E X P E R I M E N T S L W
I M X P S H N C X V Z A A E T
B E K I N B P E I C K F G F O
G B S G P B W I G M S R E W S
```

Lab	Atom	Data
Theory	Biology	Physics
Ecology	Geology	Molecule
Research	Genetics	Analysis
Chemistry	Astronomy	Evolution
Discovery	Experiment	Hypothesis
Microscope	Innovation	

Puzzle 11

```
N B S I N N E T I A L S K X Q N
E R C R I C K E T W L U A U R G
G N I L C Y C A B R A R S G G T
P H T Q N U W I B E B F O O C X
L W E M G Y M N A S T I C S Y V
O A L B A D M I N T O N C T M L
O U H M I K S V T L O G E R L V
B R T G S G S O G I F P R A F K
A R A V W N H L N N U J B L F F
S U Y K I I Y L I G E T O A J O
E G G U M N R E I S E G C I J C
B B W O M N X Y K K L J T T W Q
A Y R X I U E B S C H V W R I K
L O Z O N R C A P U O Y X A B D
L Z V Y G U B L D R H H D M U X
O Q S D A H A L S X S I W A F X
```

Golf

Tennis

Running

Cricket

Football

Badminton

Gymnastics

Rugby

Hockey

Cycling

Baseball

Athletics

Basketball

Martial arts

Soccer

Skiing

Surfing

Swimming

Wrestling

Volleyball

Puzzle 12

```
I D R P G N I F F U T S A X O E
Z C R A N B E R R Y X J S R I F
C J X T U O S G M I F N M S U J
E O C H Q X I B L E S S I N G M
L T R A Q O R T A N H S R B P R
E S Q N P B S S I D A E G U G F
B E D K U E T T G D V T L N E A
R V D F M C J Y R Y A D I L O H
A R W U P N O Q A D M R P V N B
T A M L K A O P T I E W T O E B
I H P V I D U B I H Y S V C T X
O U C H N N C U T A D E R L U P
N O I A T U U A U E M D P C R S
V V U F Q B G P D B I A C B K B
W D D G N A E P E C A N P I E T
Y L I M A F U R T G L K F K Y P
```

Feast
Native
Holiday
November
Gratitude
Abundance
Cornucopia

Family
Harvest
Pilgrims
Thankful
Cranberry
Gathering
Celebration

Turkey
Pumpkin
Blessing
Stuffing
Tradition
Pecan pie

Puzzle 13

```
W A J C I Q E S M X Z V T U L E
C X O R N A M E N T S I N M G G
T A C A W P Y T Y O S V D B C G
H H T A E R W T G T W D C L N N
L J E J S C E V N D P F G I F O
E N I O D E C E M B E R L P D G
S A A N T S S Y D P H O D A O D
N T H P G E L N E N R E E E K C
I I R W R L L N O A I R H H Q E
T V W P O D E T C W B E T G Y I
O I F H Y N Q B S R M K R I Y Q
Q T H H Z A Z A E I Z A I E V L
V Y H H G C L G G L M R N L R O
O B E I S A N T A C L A U S V D
W Y E N M I H C O Q I S W I K M
X L H O G N I K C O T S U Q D G
```

Holly

Eggnog

Candles

Reindeer

Nativity

Mistletoe

Gingerbread

Sleigh

Tinsel

Chimney

Stocking

December

Ornaments

Jingle Bells

Wreath

Snowman

Presents

Caroling

Snowflake

Santa Claus

Puzzle 14

```
R E S U R R E C T I O N S W W T U
Z C Y O Y E X E E T E I C O I T Q
T P V A S P S L R O J R E Q I A G
G E L L M K Y E E A O I X W M L S
Q S P F C T N B X S L Q Y U P B P
L T Z I K E R R S H X A E R A Q E
O I H T W L W A A U H W M S R H E
D C S A O T M T D C S V K B A Q P
E X L S U W J I J I P E J M D B J
M H J C H O C O L A T E J C E R K
F K Q X Y L N N S F N I D S G G E
C A J F Z E P T W O U Y O U J F S
F E U S C Z E P U A H Y N N U B T
Q L E A Z L E O O C H G D D S M A
I H V N U C T G T K Z P I A T O G
J L E O B L W T Q S N U Q Y L I L
Q L K S P R I N G S T I L H I J O
```

Eggs	Hunt	Lily
Lamb	Bunny	Jesus
Cross	Peeps	Spring
Basket	Sunday	Chicks
Pastel	Parade	Joyful
Renewal	Chocolate	Traditions
Celebration	Resurrection	

Puzzle 15

```
K K H J A X L P Z C A N D Y E W U
O K V D A X W S K I K I E Y W L S
C G D V U C B L T O Q T T V C P W
T C J M P E K U L Y W Y N A E I F
O A O R Z X G O T O Z Z U J T R L
B T E Z L T Y H L W T L A C I Q K
E C K R S C K G V A D G H G W D S
R U V O T S O L N R N S H E O W P
P V H Q G T Y S O B F T R W K Q A
D G K S Q K P N T F F A E O H M H
V M J V O O E I E U C B F R C S H
P C T C O T E K L L M T N C N U G
K N Q K G O R P E L Q E Y E X V A
O V Y C D E C M K M K C I R T Q X
P O V A S L C U S O S A K A H D K
I D A A P B M P Z O Z J V C X B U
G E R I P M A V A N Z C D S S N F
```

Bats	Ghost	Candy
Witch	Trick	Treat
Spooky	Ghouls	Creepy
Pumpkin	Costume	Haunted
October	Vampire	Skeleton
Cauldron	Scarecrow	Full moon
Frightful	Jackolantern	

Puzzle 16

```
K C S D V Y D O L E M A C J F L
T A O C X L N T O P M E T U N E
U C V N I D R E R L D D C U X T
S R I B C R P U C O M P O S E R
O O T T C E Y E H R E C O R D K
Y M Y O S H R L E J V N N V Q O
N I M F U U D T S I G E R A I G
O W Q V R W O T T W G G Q Y L F
M X J S O N D C R B P X P O R N
R R N U H W X I A E O H F D H G
A E M O C G T M J A Z Z U F K B
H G Q G T I R H Y T H M I Z U J
Z N S T N E M U R T S N I S T P
X I A G F A S D A S G U A N E T
C S S R V R O C K N R O L L U B
N Y W X P V C O D R Y F J O Q J
```

Tune	Beat	Jazz
Notes	Tempo	Genre
Melody	Rhythm	Singer
Chorus	Lyrics	Record
Harmony	Concert	Composer
Acoustic	Orchestra	Rocknroll
Instruments	Songwriting	

Puzzle 17

```
U M O O X V A U B L X U N X E I Z W
A E T I R O E T E M G H D G N J Z A
H Y T I V A R G O G C L V U P S D V
Y C O Q N R L T A B C Y J M L F L D
D N O I T A L L E T S N O C L T A W
Y B T S E J A M E T S Y S R A L O S
M P L E M X C U M T J D Q B K F A P
O E J A Y O P T E V S A O M S E S A
N X A V C P L L Y W T R S Z M S T C
O O G G O K E O O Z O K E F U R R E
R P M A X S H V G R N M A T V E O W
T L Z F C L P O D Y A A U L N V N A
S A N O A C C E L E S T I A L I A L
A N P L O J O S R E M T I A X N U K
W E Q S K V I E N X X E A O W U T I
S T M V L C L F M F B R O I N J T H
H O L L O A V O N R E P U S R R S C
S K B A L U B E N X N S P N P A P M
```

Nebula
Gravity
Celestial
Supernova
Cosmology
Exploration
Solar System

Galaxy
Universe
Exoplanet
Meteorite
Black Hole
Dark Matter
Constellation

Cosmos
Astronomy
Astronaut
Spacewalk
Telescopes
Interstellar

Puzzle 18

```
G X A Q G X R Z T I G F B F Z R X I V
D A H C Q P T H D L C J Q L O U Q O R
T G D R T P Z U J K X H L L X B C E X
Q G P N O R W R P Y S W Y F W W I J E
Q H O E N T E R T A I N M E N T N N U
V M P T R L C S P L O T S E Q U E L H
I V C M L O G A S P I G K G V H M G Q
E P O I O C T V H N R A T A N A V X
V O R L S R L C D E A G T D H A T V I
Y H N E U I N G E E U I E R F F O K V
T S Q U M T G T I R D N J A J N G T B
Z S I B C I J E V C I U F M Y O R L V
D T U K N C E Z L S E D R A Y E A P P
P E M S Y T K R O S N A F I L M P N N
S K T M Z O U W E A C W H T O H T E
K C A R T D N U O S E I E T J T Y K E
C I O U U M C X K U Q V Y L I E O S P
N T F L X O G S C C M Y D E M O C W T
W W R K O K E R N E G N A T W P N K F
```

Film   Plot   Actor
Drama   Genre   Comedy
Action   Sequel   Critic
Popcorn   Actress   Tickets
Director   Thriller   Audience
Premiere   Screenplay   Soundtrack
Entertainment   Cinematography

Puzzle 19

```
S Y P B P B L M G K N D C R A D
L E I U U R I B M V Y G I O T K
D V O I R E E K U K T L C S H D
R F C U L R N A W M I T L L E W
P A A S L M L O H K C O T S N B
W C A I R O L J S D O K O D S E
A E N B L U D C X A C Y A C K I
S M U O F S P Y P S I O R H H V
R O B R U H A S Z G X R R L G C
A R S I J H S R W P E J E Y S P
W H D A Y I R L B G M D B S M R
A X Q N M M O S C O W P N R O K
T M D I G N I J I E B I A A H M
T M W O D K N V N B G T C R I E
O R N O J J W J M K L Z F T I F
U S N I P X Q Q V T G B Y N R S
```

Rome   Paris   Tokyo
Cairo   Seoul   London
Moscow   Berlin   Ottawa
Riyadh   Athens   Warsaw
Beijing   Braslia   Nairobi
Canberra   New Delhi   Stockholm
Mexico City   Buenos Aires

Puzzle 20

```
Q G F M A Q U A T I C E M U H B
N O F L S W N D O N S N E N C I
S Z N O I T A E R C E R T A O H
A F B F M G Q T C Z S M S G A R
N R S W S S H E E U V A Y I S G
I E I H A H M T V R O H S H T K
R S M K I I O C H N S S O C L Q
A H X S U P A R S O B H C I I C
M W Y F I W P U I I U B E M N H
X A C I H R P I X T O S S D E W
D T U S U E U K N A E S E A K A
N E B H R C L O T G X R P S D W
G R U I O K P I T I N A I Y A I
X G O N N S N M K V F G U E D K
T R L G G I S L A N D S B N Z
E N K N O I R A T N O Z J P S T
```

Erie
Fishing
Tourism
Superior
Coastline
Freshwater
Recreation

Huron
Boating
Aquatic
Michigan
Watershed
Navigation
Lighthouses

Ontario
Islands
Marinas
Shipping
Ecosystem
Shipwrecks

Puzzle 21

```
B S A L A W D Q C H V B P Z F E P N
O K S Z O T O Q O L U B V O S E I P
B Y G Z Z Y H K M J L G F V U U H A
P O H Z T J A H M Y N Y Z G P Y S Y
C I U T F V P L I J E T N N P D D T
O O H N A U Z C T Z R I B I O Y N C
N O M S D P H H M Y A L O D R A E I
N G Y P R A M L E X B I G N T F I L
E W Z B R E R E N W I B M A O N R F
C T T E A O N I T O L I H T O O F N
T C H Z V R M T E R I T T S G I A O
I P H U E O K I R S T A T R T T Z C
O P F N J M L I S A Y P T E K C S N
N F U X S A Z U F E P M M D L E Q W
C O M M U N I C A T I O N N E F T N
M C R A C C L U L Z M C U U D F M Z
W C E X O E H E T C I N T I M A C Y
N U R E S P E C T S U R T M T A B B
```

Love   Trust   Empathy
Respect   Loyalty   Support
Romance   Intimacy   Conflict
Affection   Commitment   Connection
Compromise   Boundaries   Friendship
Partnership   Communication   Compatibility
Vulnerability Understanding

Puzzle 22

```
F W M I O C Y G T D X Z I K B N
N T G S O P N I P I P X Z C Z O
N M C A M P G R O U N D P A F D
G N Z G B R X N E Z H J M M D C
N R O N F G K S I T F E W P O E
I E U I A T N B Q E N L O F W T
K P T K T T N I G I O A L I Z I
O M D C E A U E P T G N L R T S
O A O A B R R R T E G D A E G P
C C O P Y S U O E C E S M C E M
X D R K G M S T L R O L H V U A
X E U C N O H S N P G Q S B Z C
N Q J A I R E E A E X S R N U G
H X M B K E S S P E V E A U O A
B X P F I S H I N G B D M B G V
O T M O H R I A H C P M A C M T
```

Tent	Hiking	Nature
Smores	Camper	Cooking
Lantern	Outdoor	Fishing
Campfire	Campsite	Canoeing
Adventure	Wilderness	Campground
Camp chair	Backpacking	Marshmallow
Exploration	Sleeping bag	

Puzzle 23

```
P O U W D L O H E S U O H J C O B
I E F P A R E N T S L O D R X H Q
N J G G Q P V S I B L I N G S W I
L A Z Y P M A N P L K M O G U H Z
A C H S T G I O F I D G B R S N F
W N K I N S H I P N S Z B A R R B
S O C E S R O T S E C N A N J M N
O I A S G Y X I M A O M O D F Z E
T T D U E A C D N G K I E P J E P
I C X A R V I A N E T Z R A W F H
W E X Y Y D I R G A K R V R S O E
O F A M I L Y T R E E B F E N Y W
Y F U I D W R E A A L B A N I V S
T A T R M D N B K L M A P T S T T
B Y I G H E F C W I E D Q S U Y L
E K U B G D D N E J P R I B O Q N
K G S E C E I N E R D L I H C J J
```

Bond
Legacy
Kinship
Siblings
Relatives
Affection
Family tree

Inlaws
Parents
Nephews
Children
Ancestors
Generation
Grandparents

Nieces
Cousins
Lineage
Marriage
Household
Traditions

Puzzle 24

```
A I S J X M X L O N L J B U S N O U Q
W O L F H S A C E F H Y Q A L S G M C
G Q H L W P V B R D J Q M T L D V K C
Q G E K X S L A Y S G A B O E G L F T
H S L A I C N A N I F E J P W D R A A
L I L Y F E U Y R M G Z R P A P X F S
M I Q C U S F V A S S E T S G A X T W
B L A T I P A C H T C X I B T Y Q E G
E J J B F E G V C I E P F I H R V G M
S X J Y I M D U A B C E O F I O Q D Q
F G P U Q L U T L M N N R P N L K U J
T D N E J M I D A M A D P I D L L B R
B U P I N O I T A I L I C N O C E R Q
J W V V N S U W I Z A T D Y M M H C F
W Y V X U R E R U E B U Y H O M I D O
P G A Z L K A S N Q S R O C I M U B E
G W C M S L L E E A Z E N A Q C W W M
A U D I T O C T Q F L I B R B N C Y O
K P B W U U G U X L K H E Q U I T Y T
```

Audit   Ledger   Assets
Income   Profit   Budget
Equity   Balance   Journal
Capital   Payroll   Expenses
Taxation   Cashflow   Earnings
Financials   Liabilities   Expenditure
Depreciation   Reconciliation

Puzzle 25

```
P  C  O  I  N  P  Q  T  O  S  H  T  N  W  X  R  F
E  B  B  I  T  Q  T  V  M  U  Z  V  Z  V  V  R  F
Q  H  X  C  D  C  B  R  Y  R  U  V  I  M  E  H  O
N  Z  C  C  K  T  H  B  E  Y  D  V  D  N  I  Y  N
F  A  Y  R  Y  V  X  A  L  B  A  C  G  D  F  M  I
U  I  X  Y  D  I  N  C  I  L  U  A  J  Y  O  R  N
L  P  H  G  K  S  N  H  D  K  W  H  P  A  K  H  A
Q  L  E  J  R  S  U  I  S  V  O  I  C  H  O  W  M
C  Q  A  T  M  Q  N  Y  C  X  V  V  U  S  R  C  H
Z  P  J  H  Z  W  S  I  X  C  A  B  S  A  P  X  C
J  Q  A  I  R  S  T  G  V  K  U  L  A  K  F  B  A
F  R  V  U  U  C  I  R  Q  A  E  P  R  U  Y  W  R
B  L  Z  B  Z  H  J  L  M  D  R  S  O  E  E  E  R
B  E  E  T  H  O  V  E  N  M  R  T  S  F  L  O  X
E  D  V  Q  M  P  V  E  R  D  I  I  S  H  G  P  R
F  U  W  C  U  I  M  O  Z  A  R  T  A  F  K  G  G
L  V  L  E  D  N  A  H  O  V  S  M  K  B  P  C  E
```

Bach	Haydn	Liszt
Verdi	Mozart	Wagner
Chopin	Brahms	Handel
Mahler	Debussy	Vivaldi
Puccini	Schubert	Beethoven
Prokofiev	Stravinsky	Tchaikovsky
Mendelssohn	Rachmaninoff	

Puzzle 26

```
Z F T Y A L A S K A W L C H T
S A X E T F C O L O R A D O I
J N N P Y D X J J N J H N R M
A O B A G A W I S C O N S I N
U Z T I I B K R O Y W E N D A
L I E N W S N Q R A N O J G
H R N R K V I A O N E Z L J I
A A N O Y E O U A S A G G L H
W C E F H R N T O X V E O A C
A I S I L M N T P L O I N N I
I K S L K O A C U R W E D V M
I W E A M N R Y G C V T R V Q
C J E C C T Y I Y A K A F F V
I B U L X Y A J D W O Y E B E
P Y R A X A M A B A L A J U W
```

Texas	Alaska	Hawaii
Nevada	Oregon	Florida
Arizona	Montana	Vermont
Georgia	Alabama	New York
Colorado	Kentucky	Michigan
Louisiana	Tennessee	Minnesota
Wisconsin	California	

Puzzle 27

```
C P E H V E E Q U R N D S E J Y J U N
A Z Z D R C O N P O L L U T I O N C E
E K F X P R L Z V C F L S X F R I C U
U U G J P A E I T I G H T Q B E Y L K
K S L X Y E U S M M R H A V N C E C P
B K S I L R S N P A U O I J B Y P K L
K I J E D G E E E O T X N S S C L N U
S T O O N S E K N E N E A M K L A O Q
H H P D E E U C A O R S B V E I N I I
W E X Y I L R D O U Z G I J W N E T P
U B D C R V B A T L Q O L V R G T A M
S E F A F C E A W F O H I N E R I V
V V X I O C N R W A S G T X X N U R F
O L L T C C X T S E C X R V F E E F
W G A Q E A E N W I N O B Q A D U S H
N D B X P Y O X M S T E Z U W E X N S
D W O L B J N N G T G Y R K W Q V O P
T C L E A N E N E R G Y H K J R X C J
G K G E D J C F M S I V I T C A Z M X
```

Green   Ozone   Planet
Nature   Global   Climate
Ecology   Activism   Awareness
Recycling   Renewable   Pollution
Earthquake   Environment   Ecofriendly
Conservation   Biodiversity   Clean energy
Sustainability   Responsiveness

Puzzle 28

```
P I H S N O I P M A H C R B B O M T
M D P U N I W P E N A L T Y V G B E
I S S C E O A M L G T J S I Y X H A
X J E T A X I M G S V Y C Y L Q A M
O P X M S Y S T U G M T T S U R W S
W X T U I I E Q A H O I G A E H X O
V F R I I F L J U R L D L P I I B X
N B A D S C I A Y A B I E I M M V B
R D T A P X L N N I F E Z T Z A D P
E T I T E L T O A I K I L N H T F D
C T M S C L I Z C L F K K E E C I G
C K E H T T U A A J S R T M C H G N
O V I E A A T O U R A V H A A E V P
S H Q N T I G K C C S X T N T S O F
R N S F O O T B A L L X E R V X Y T
F M A N R E F E R E E E X M U F Y Z D
M S Q F S R A C Z A I S U O U A E F
K H Q R A L L X Y H P O R T R J Y J
```

Fans

Trophy

Penalty

Football

Tournament

Semifinals

Celebrations

Teams

Victory

Referee

Extratime

Goalkeeper

Nationality

Qualification

Soccer

Matches

Stadium

Finalists

Spectators

Championship

Puzzle 29

```
A M Q R J C L U C C K R Y J T O C P Y N
W L C R T I S W Q K C S E T U O R Q W S
Y M H N Z E S U B W A Y E T U M M O C E
Z M S F I F J X Z U R K Z T U W P Z F N
H F T R C L S T Y L P W U S P M G B S P
P E R E K Z K C B S O B F U W N M V W H
V E A E V S S R N N O M B P V G F O S T
F R N W O U H U N O L L G N I L C Y C R
H S S A J S C I T S I G O L L T A D Q J
D L I Y I T F S P C N T Q T J W C T R S
Q K T Z T R Z E T P G M A E L J W G R N
B H O U H R T R D R I R S I E I V V N O
E T R M J G A S N M H N A N V G S A F K
V P I O T N V F E S K R G E V A Y V Q X
V W E B S B K C F D W U H J P G D I S E
Y D N I F B H E V I E I C M B M D Q U G
T J T L I T N T L D C P O H H J Z D H R
D M E I Y P H L G L E A P G J H T E O S
J G D T E G G W E U R M E C I H Y U R Q
L T W Y D E R U T C U R T S A R F N I V
```

Subway
Vehicle
Cycling
Aviation
Commuter
Carpooling
Infrastructure

Cruise
Commute
Freeway
Railways
Mobility
Pedestrian
Transitoriented

Routes
Traffic
Ferries
Shipping
Logistics
Public transit

Puzzle 30

```
V L A N D S C A P E M L T X U D E Q K
M D T R C S S W C R Z W E F C L G L A
T M S D O L S K K E Y V F R X Y A L Z
G W U U N M U E W F M L N T E T I O T
J I B M S G Z I N O O G L D N A L U A
Y L T J E T F S P R S I F T Q N O T T
T D V I R H A M A E E D N Z S Q F D I
I L L W V H U I I S Y D N G T I X O B
L I A O A M N O N T E T L A L C T O A
I F C P T O A C V A E T I I L G P R H
U E I G I U J I W T B S Z N W T E S Z
Q E N I O N D B Z I W I Z X E C E Z Z
N W A M N T S F J O L L L U O R U W C
A F T K O A K F L N S A Y I P B E H X
R C O S B I O D I V E R S I T Y Z S C
T G B F A N Q E U K P U T M H Y J B P
C I N E C S L F Z M E T S Y S O C E V
N L D M Q A J X G P D A B N W F F V K
G T M H W K Z S G X N N U J O Q F F G
```

Flora

Foliage

Outdoors

Ecosystem

Mountains

Tranquility

Reforestation

Fauna

Habitat

Wildlife

Landscape

Wilderness

Biodiversity

Sustainability

Scenic

Serenity

Wetlands

Botanical

Naturalist

Conservation

crossword 1

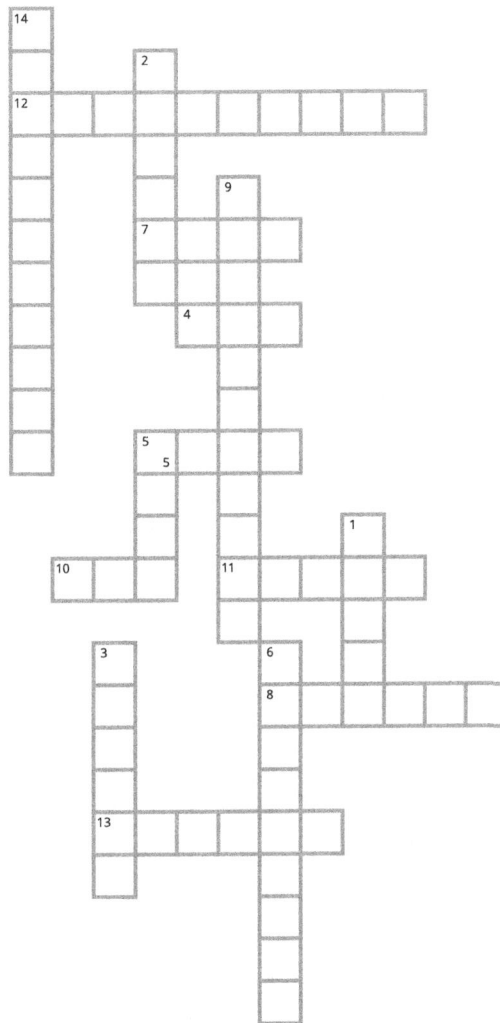

Across
4. Small, shiny droplets of water on leaves in the morning.
5. A steep, rugged rock or cliff.
7. The outer layer of the Earth's surface, where plants grow.
8. A season characterized by blooming flowers and warmer temperatures.
10. A small, flying insect that pollinates flowers.
11. A large body of saltwater that covers most of the Earth's surface.
12. The layer of gases surrounding the Earth.
13. A large, flat area covered in grass and often used for farming.

Down
1. It falls from the sky as rain.
2. A place where trees and plants grow.
3. The process of leaves changing colors in the fall.
6. The study of celestial bodies and the universe.
5. A natural underground cavity in rock, often with water inside.
9. The process of animals sleeping through the winter months.
14. The process of water turning from a liquid into vapor due to heat.

crossword 2

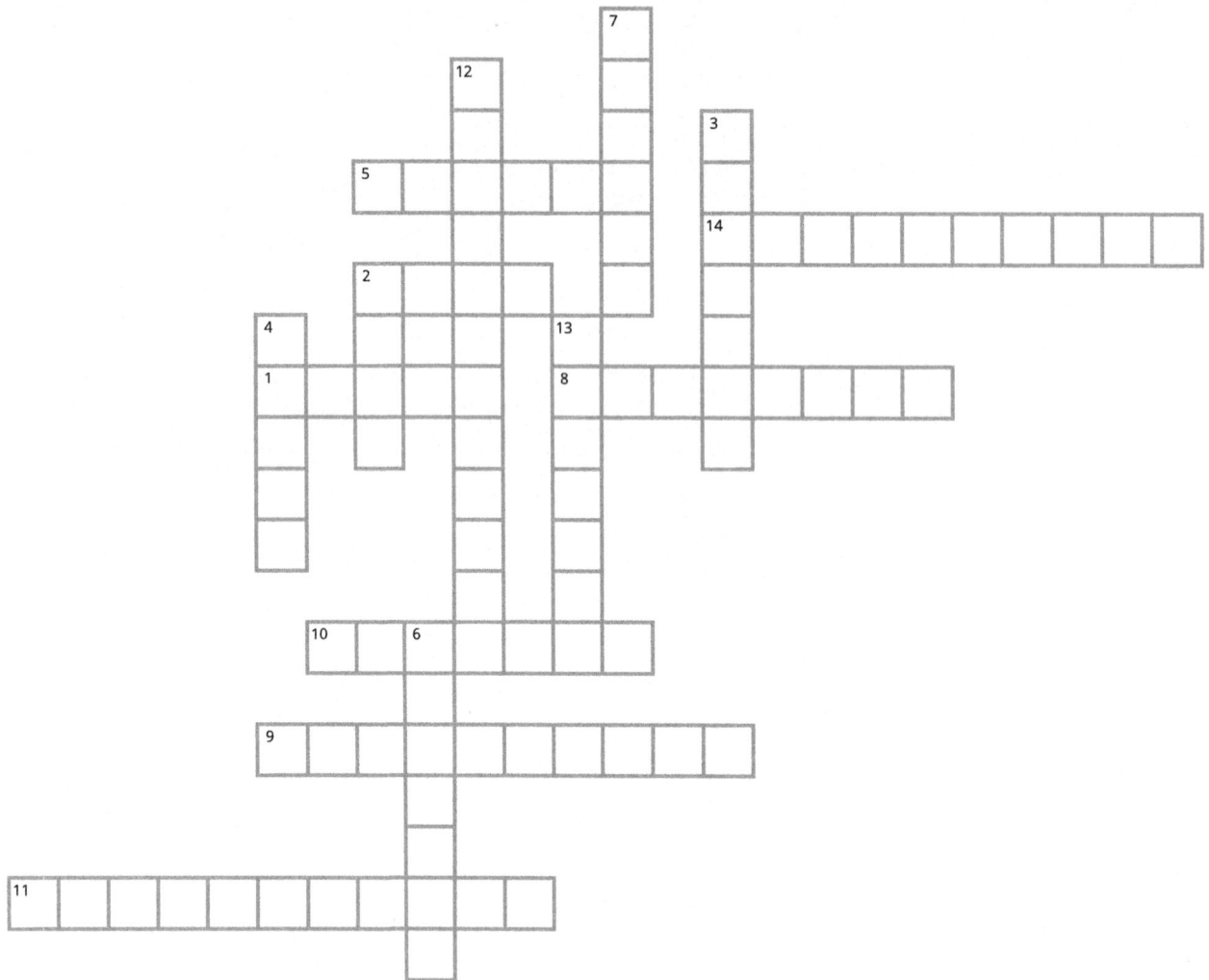

Across
1. The third planet from the Sun; home to humans.
5. The farthest planet in our solar system visible to the naked eye.
2. A celestial body that orbits a planet.
8. A small, rocky body that orbits the Sun; often found in the asteroid belt.
9. A disk-shaped region beyond Neptune containing icy bodies.
10. A transient phenomenon on the Sun's surface, often seen as a dark spot.
11. A planet-like body that orbits a star and is smaller than a planet.
14. A spacecraft that landed on Mars and sent back images of the planet's surface.

Down
2. Known as the "Red Planet."
3. The largest planet in our solar system, with a famous Great Red Spot.
4. The second planet from the Sun; known for its extreme heat.
6. The eighth and farthest known planet from the Sun.
7. The seventh planet from the Sun; tilted on its side.
12. The study of celestial objects and phenomena beyond Earth's atmosphere.
13. A space probe that visited Jupiter and its moons.

crossword 3

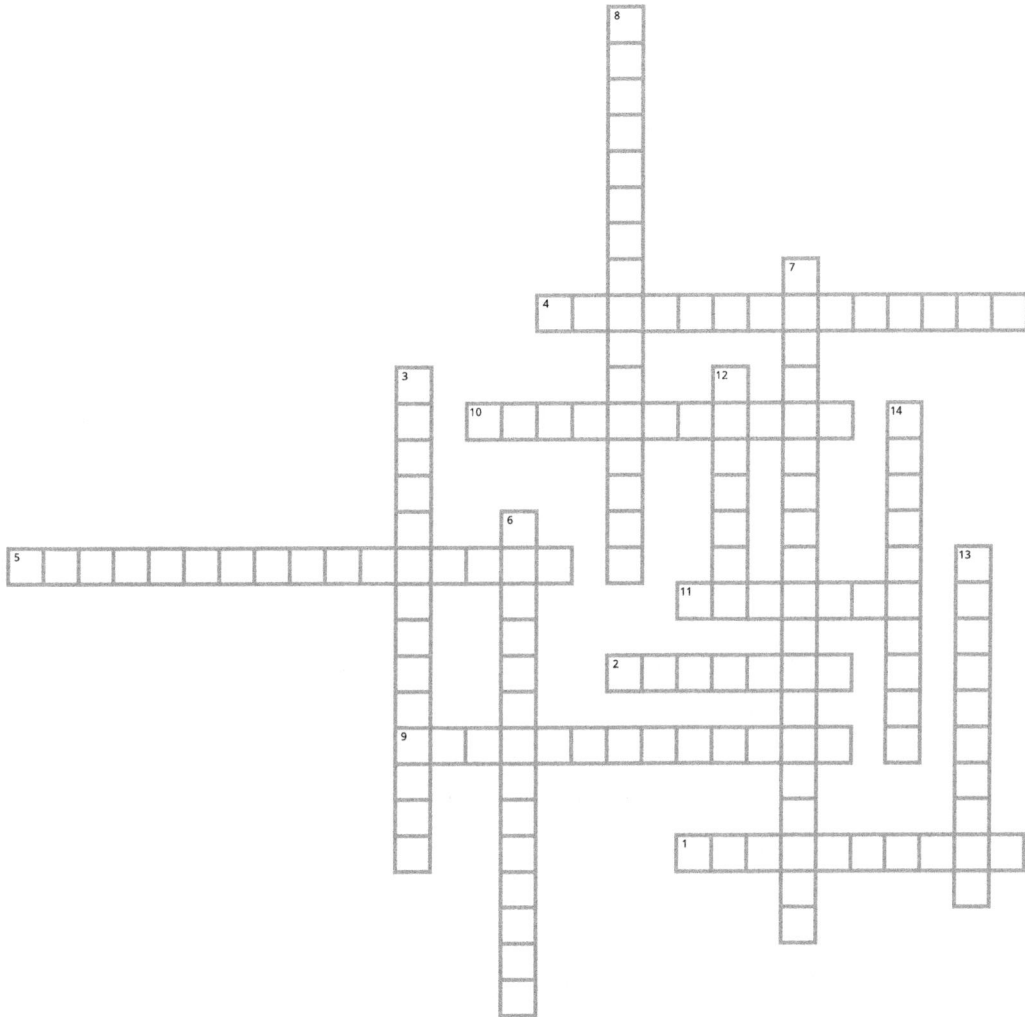

Across
1. The period of life when one stops working and enjoys leisure.
2. Payment made regularly to a retired person from an investment fund.
4. The day a person officially stops working and begins their retirement.
5. The state of not having to work for a living due to saved funds.
9. The income earned from investments, such as stocks or real estate.
10. The phase of life immediately following retirement.
11. Savings specifically set aside for use in retirement.

Down
3. A planned strategy for managing one's finances in retirement.
6. A program established by the government to provide income for retirees.
7. A location often chosen by retirees for its pleasant climate and amenities.
8. The act of gradually reducing work hours and responsibilities before retirement.
12. A person who has retired and now pursues hobbies or interests.
13. A form of part-time work often pursued after retiring from a full-time career.
14. A document outlining a person's wishes for medical care in retirement.

crossword 4

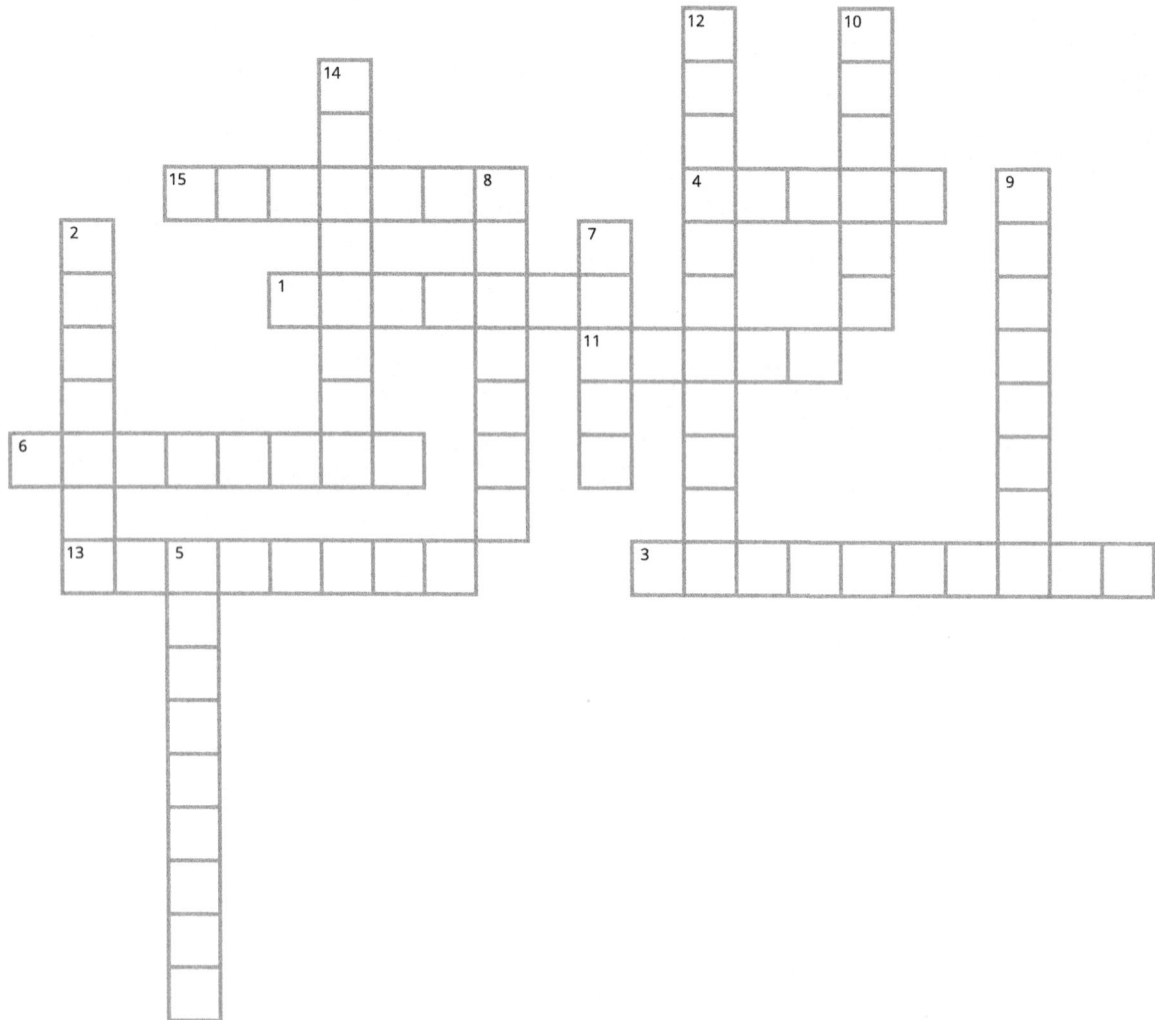

Across
1. The "Sunshine State" known for its tropical climate and theme parks.
3. The "Golden State" known for its beaches, entertainment industry, and tech hub.
4. The "Lone Star State" with a rich history and vast landscapes.
6. The state with the "Mile High City" and stunning Rocky Mountains.
11. The state known for its potatoes and picturesque landscapes.
13. The state where the "Bourbon Trail" and bluegrass music thrive.
15. The state with the "Space Coast" and NASA's Kennedy Space Center.

Down
2. The "Empire State" famous for its iconic city skyline and landmarks.
5. The "Garden State" located on the northeastern coast of the United States.
7. The state known for its lobster and beautiful New England coastline.
8. The state home to the Grand Canyon and a large desert landscape.
9. The state with the "Motor City" and a significant automobile industry.
10. The state with the "Aloha Spirit" and a series of islands in the Pacific.
12. The state with the "Mount Rushmore" monument and vast grasslands.
14. The state famous for its seafood, historic charm, and Old Bay seasoning.

crossword 5

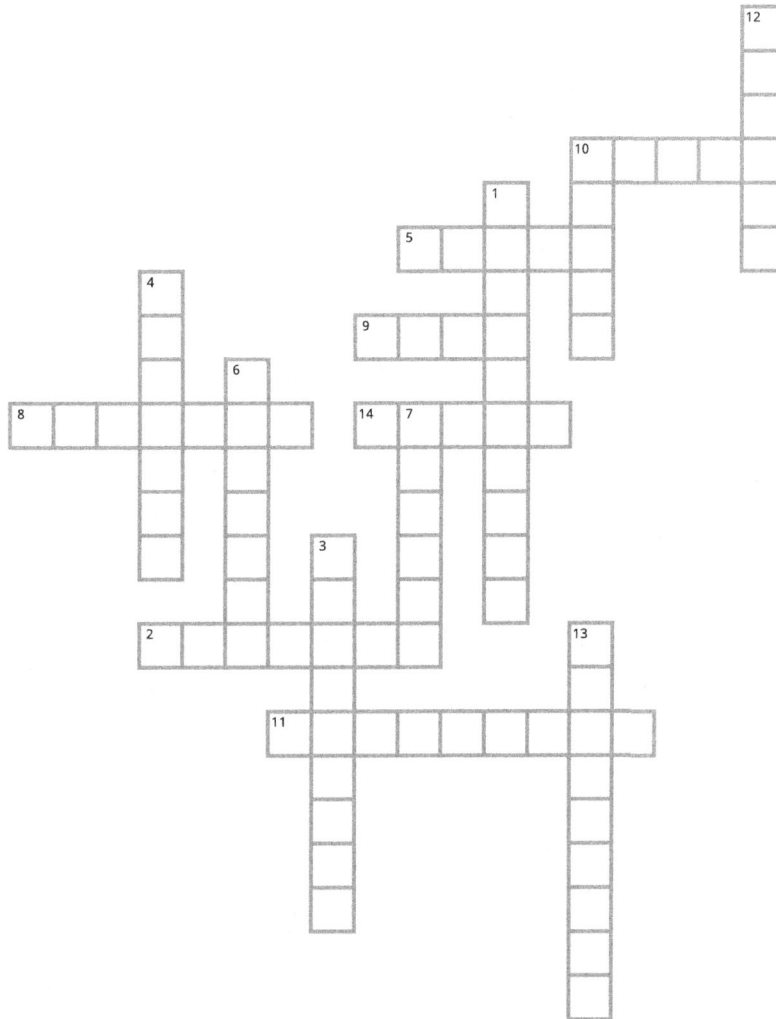

Across

2. The 16th President who delivered the Gettysburg Address and abolished slavery.
5. The 44th President, the first African American to hold the office.
8. The 42nd President remembered for economic growth and the Monica Lewinsky scandal.
9. The 43rd President during the September 11 attacks and the Iraq War.
11. The 3rd President and author of the Declaration of Independence.
10. The 6th President and son of a Founding Father, who later became a Congressman and diplomat.
14. The 18th President and a Union General during the Civil War.

Down

1. The first President of the United States, often called the "Father of His Country."
3. The 32nd President known for leading the country through the Great Depression and World War II.
4. The 35th President who famously stated, "Ask not what your country can do for you."
6. The 1st President born in the 20th century, known for his "Great Society" initiatives.
7. The 40th President who played a role in ending the Cold War.
10. The 2nd President and a Founding Father, known for his role in drafting the Declaration of Independence.
12. The 28th President who led the nation during World War I and championed the League of Nations.
13. The 26th President known for his "Square Deal" and conservation efforts.

crossword 6

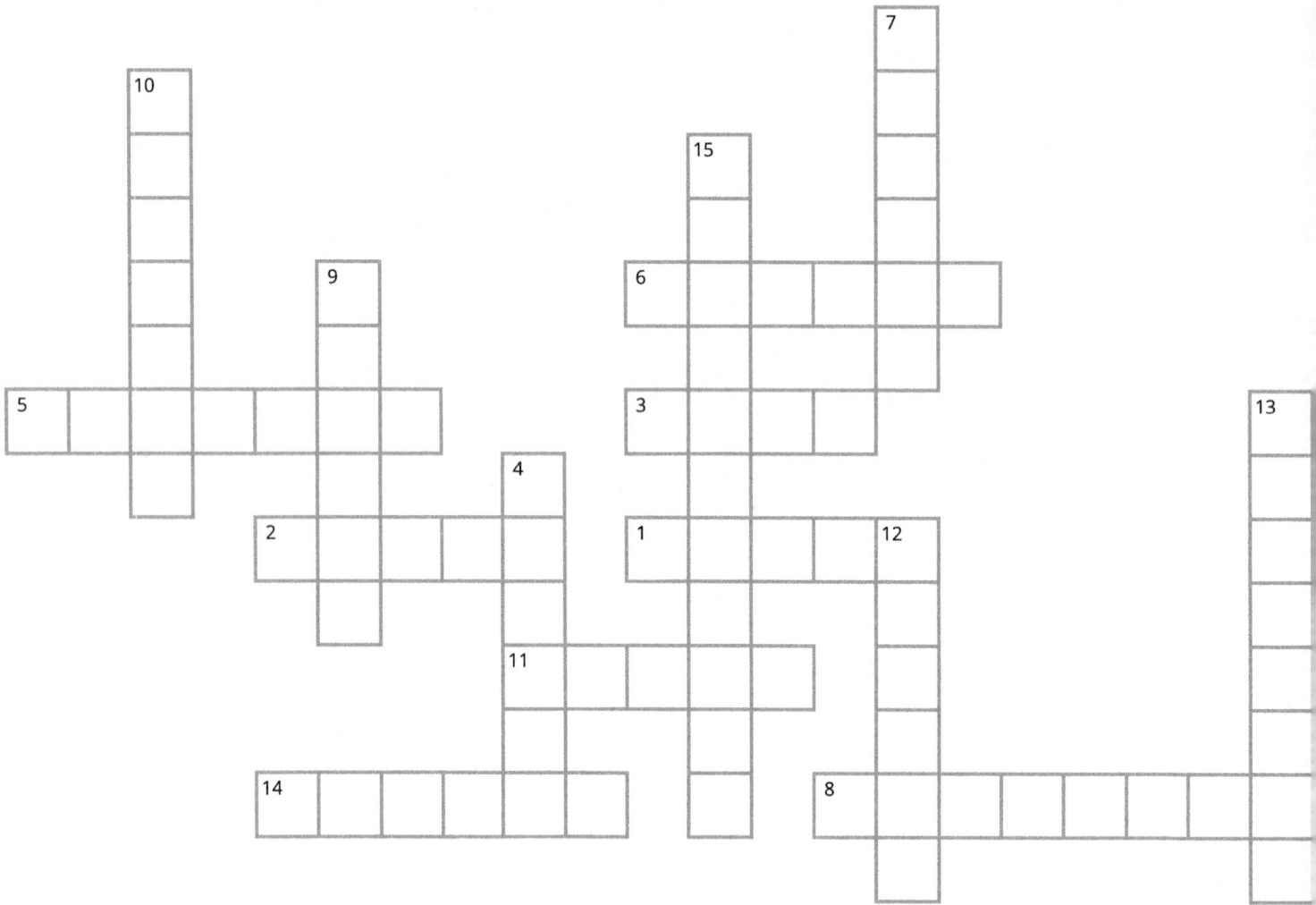

Across
1. The capital of France, known for its iconic Eiffel Tower and artistic heritage.
2. The capital of Japan, a modern metropolis blending tradition and technology.
3. The capital of Italy, famous for its ancient ruins and historical landmarks.
5. The capital of China, home to the Forbidden City and the Great Wall.
6. The capital of Germany, known for its cultural diversity and historical significance.
8. The capital of India, a city of contrasts with both historical and modern elements.
11. The capital of Egypt, home to the ancient Pyramids and Sphinx.
14. The capital of Canada, located in Ontario and known for its government buildings.

Down
4. The capital of Russia, known for its distinctive architecture and rich history.
7. The capital of Spain, famous for its vibrant culture and architecture.
9. The capital of United Kingdom, known for its royal palaces and Big Ben.
10. The capital of Brazil, renowned for its lively festivals and beautiful beaches.
12. The capital of Australia, situated on the coast and known for its harbor.
13. The capital of South Africa, known for its diverse culture and history.
15. The capital of Argentina, famous for its tango music and steakhouses.

crossword 7

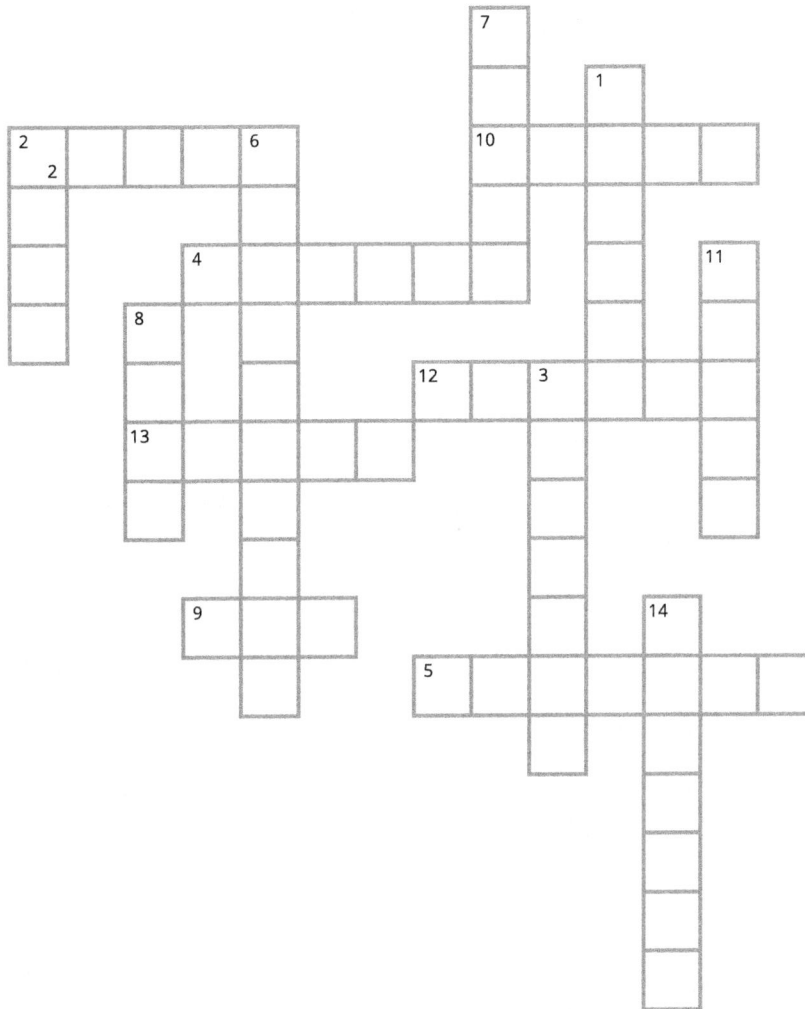

Across
4. The American swimmer with the most Olympic gold medals in history.
5. The tennis player with the most Grand Slam titles on the men's side.
2. The American gymnast known for her exceptional skills and Olympic successes.
9. The Brazilian soccer legend who won three FIFA World Cups.
10. The American track and field athlete who won four gold medals at the 1936 Olympics.
12. The Australian cricketer known for his aggressive batting style.
13. The NFL quarterback with multiple Super Bowl wins and MVP awards.

Down
1. The basketball player often referred to as "The King."
2. The Jamaican sprinter known for his world records in the 100m and 200m races.
3. The Portuguese soccer player who is considered one of the greatest of all time.
6. The Formula One driver with seven World Drivers' Championship titles.
7. The golfer who held the World No. 1 ranking for a record total of 683 weeks.
8. The retired NBA player nicknamed "The Black Mamba."
11. The female soccer player often recognized as the best in the world.
14. The ice hockey player often referred to as "The Great One."

crossword 8

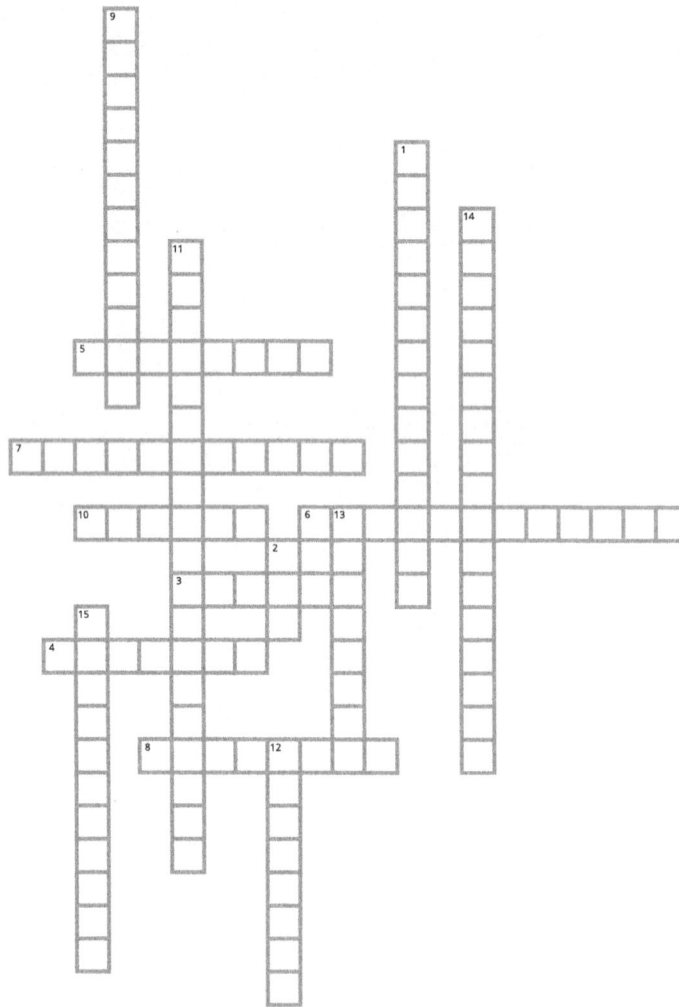

Across

3. A drama series following the lives of oil tycoons and their families in Texas.
4. A comedy show featuring a group of friends living in New York City.
5. An action-adventure series following the exploits of a clever detective and his partner.
6. An animated show about a group of transforming robots battling evil forces.
7. A medical drama set in a Boston teaching hospital.
8. A sci-fi series featuring a starship crew exploring the galaxy and facing challenges.
10. A sitcom set in a Boston bar where everybody knows your name.

Down

1. A science fiction series featuring a group of kids and a telekinetic girl.
2. A family sitcom centered around a quirky alien living on Earth.
9. A supernatural drama centered around two brothers fighting demons and monsters.
11. A fantasy show about a young man's journey to find his missing father.
12. A show following a team of mercenaries and their missions in Los Angeles.
13. A sitcom featuring a quirky family living in the fictional town of Lanford.
14. An action-packed series following the adventures of a Vietnam War veteran.
15. A drama series about a high school teacher turned methamphetamine manufacturer.

crossword 9

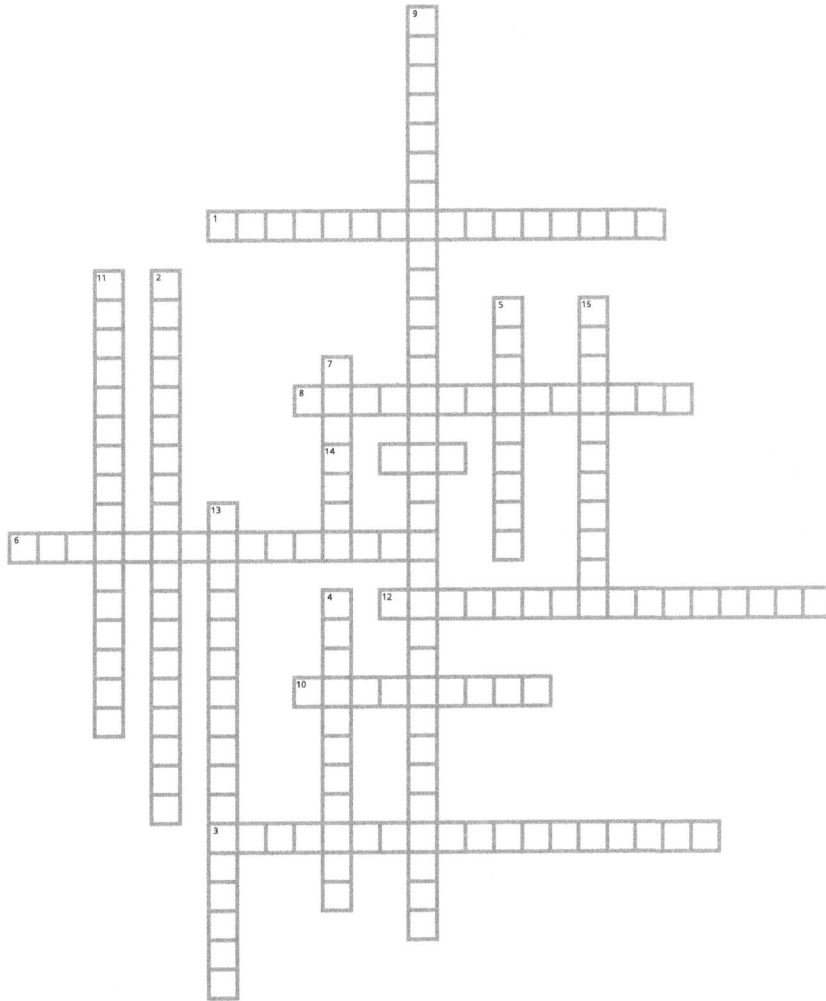

Across
1. The event that marked the beginning of World War II, when Germany invaded Poland.
3. The event that led to the American colonies' independence from Great Britain.
6. The devastating stock market crash in 1929 that triggered the Great Depression.
8. The event in 1773 where American colonists protested British taxation by throwing tea into the harbor.
10. The event in 1945 that brought an end to World War II after the atomic bombings.
12. The movement advocating for women's right to vote, gaining momentum in the early 20th century.
14. The military operation in 1944 that led to the liberation of Nazi-occupied Europe.

Down
2. The series of protests and demonstrations for civil rights and against racial segregation.
4. The event in 1969 when humans first landed on the Moon.
5. The conflict that lasted from 1950 to 1953 and involved North and South Korea.
7. The period of intense ideological rivalry between the USA and the USSR.
9. The catastrophic event that occurred in 1914 and triggered World War I.
11. The event in 1989 that marked the fall of the Berlin Wall and the end of the Cold War.
13. The event that occurred on December 7, 1941, drawing the USA into World War II.
15. The historical period of cultural and artistic revival in Europe, spanning from the 14th to 17th century.

crossword 10

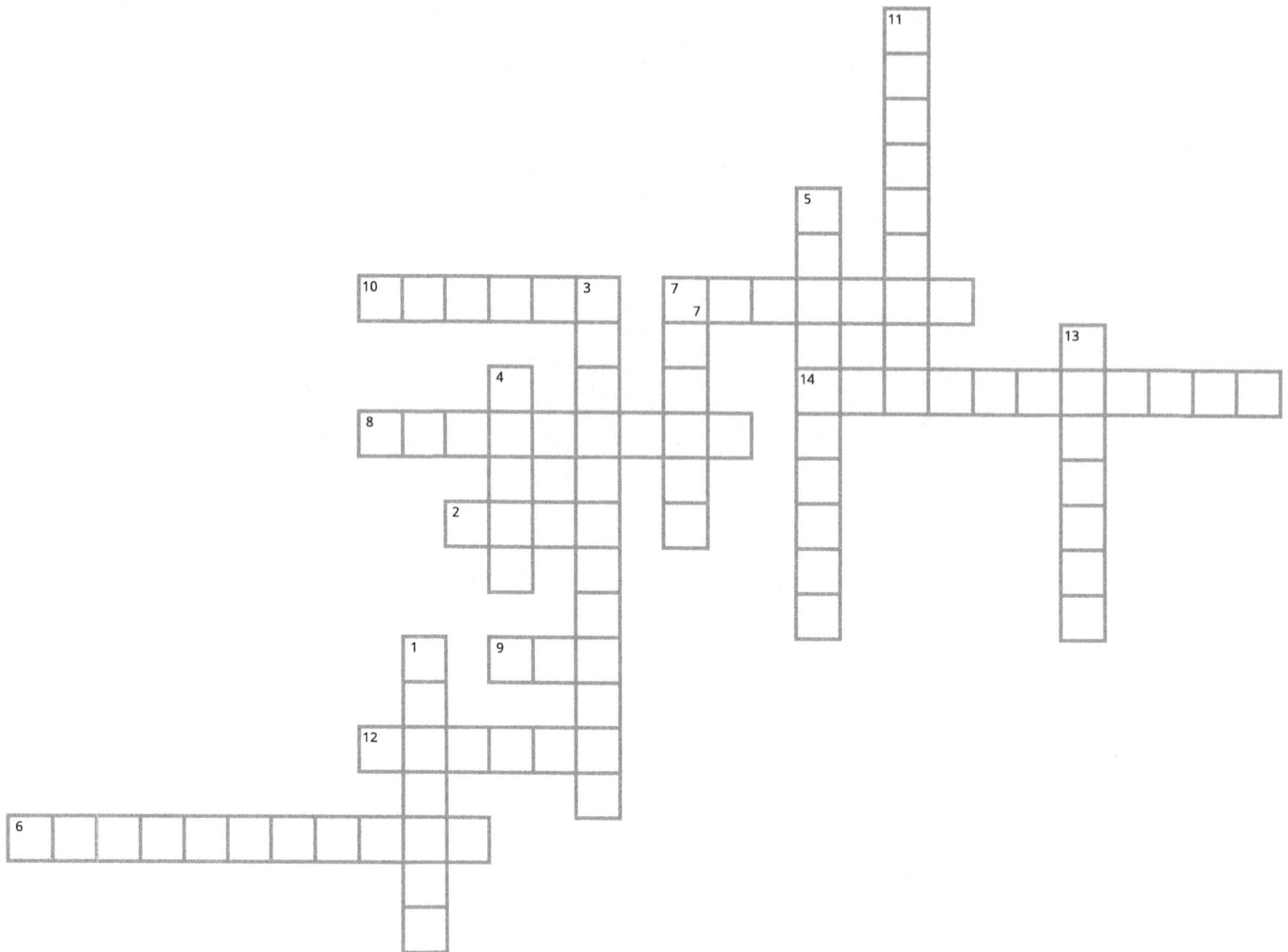

Across
2. The US space agency responsible for many space missions, including the Apollo moon landings.
6. The event that marked the end of the Space Race, where Apollo 11 landed humans on the Moon.
8. The robotic rover that has been exploring the surface of Mars since 2012.
9. The space station that serves as a laboratory and living quarters for astronauts.
10. The US space program that aimed to land humans on the Moon and bring them back safely.
7. The probe launched in 1977 to study the outer planets of our solar system.
12. The space telescope that has provided stunning images of distant galaxies and nebulae.
14. The spacecraft that carried the first humans to the Moon's surface in 1969.

Down
1. The first artificial satellite launched into Earth's orbit in 1957 by the Soviet Union.
3. The first successful manned mission to the Moon, Apollo 11, had this famous phrase.
4. The largest moon of Saturn, known for its thick atmosphere and potential for life.
5. The space shuttle that tragically exploded shortly after launch in 1986.
7. The spacecraft that carried the first human, Yuri Gagarin, into space.
11. The first American to orbit the Earth and later became the oldest astronaut in space.
13. The Soviet spacecraft that carried the first woman, Valentina Tereshkova, into space.

crossword 11

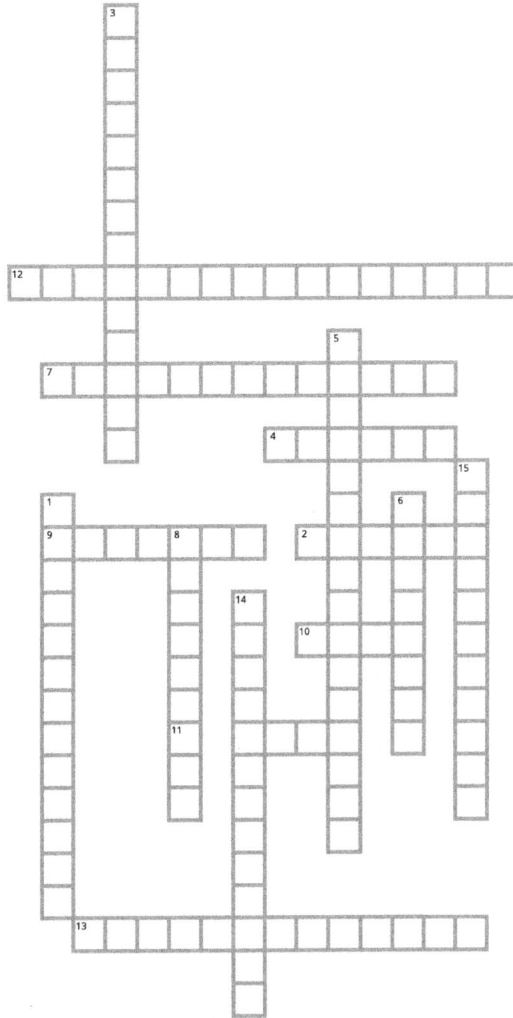

Across
2. An iconic puzzle game where players arrange falling blocks to complete lines.
4. A space-themed shoot 'em up game known for its colorful graphics and power-ups.
7. A popular fighting game with characters like Ryu, Ken, and Chun-Li.
9. A role-playing game series that features creatures to catch and train.
10. A classic adventure game known for its text-based interactions and puzzles.
11. A scrolling shooter game where you control a spaceship against waves of enemies.
12. A game series featuring a blue hedgehog with a penchant for speed.
13. A side-scrolling beat 'em up game featuring characters like Axel and Blaze.

Down
1. A classic arcade game where you control a spaceship to defend against alien invaders.
3. A platformer game featuring an Italian plumber on a quest to rescue a princess.
5. A side-scrolling action-adventure game where you play as a hero named Link.
6. A game that introduced the concept of bouncing a ball off a paddle to break bricks.
8. A classic platformer where you guide a plumber through pipes to rescue a princess.
14. A game franchise where you capture creatures and battle them against opponents.
15. An action-adventure game series known for its whip-wielding protagonist, Simon Belmont.

crossword 12

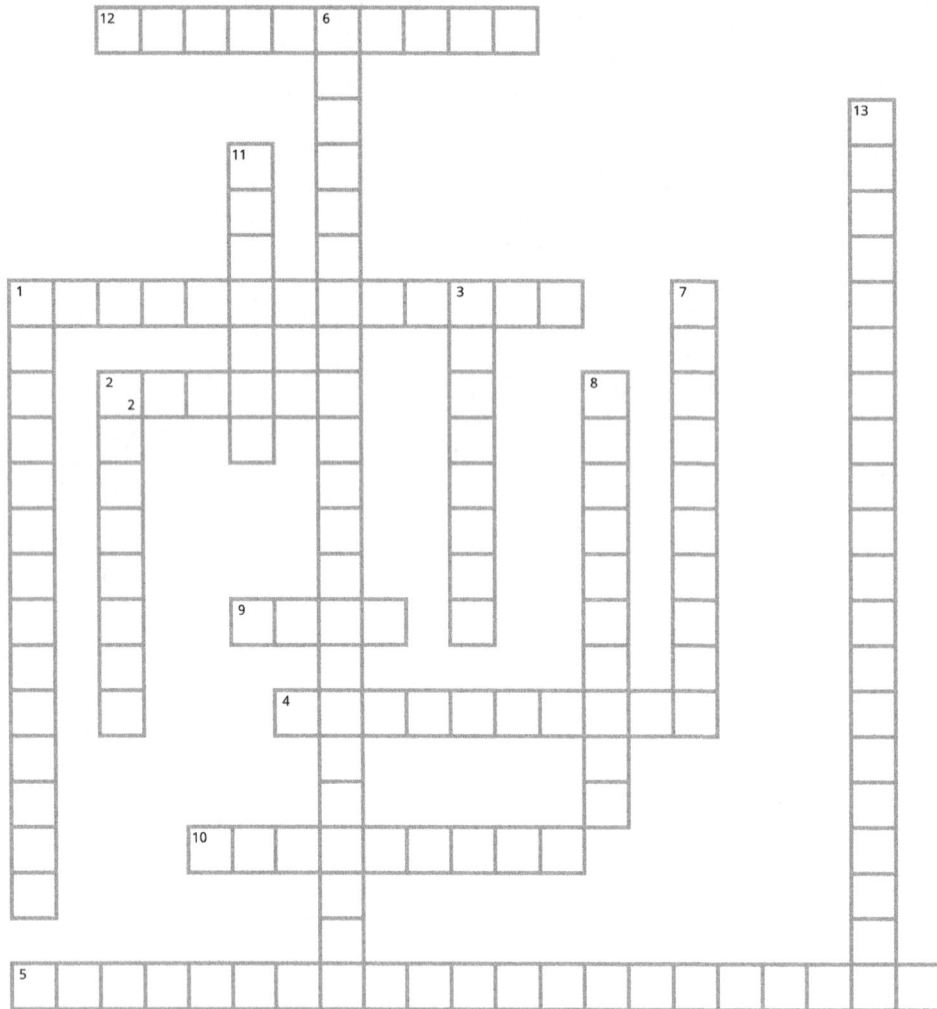

Across
1. The process of sending information through electronic means.
4. A compact storage device that can hold large amounts of data.
5. The process of manufacturing items using digital design and 3D printing.
9. A type of display that emits its own light, like in modern TVs.
10. The process of transmitting audio and video content over the internet.
2. A device that captures and reproduces moving images and sound.
12. The advancement of machines and systems to operate without human intervention.

Down
2. A device that stores and processes data using electronic circuits.
3. The system of interconnected devices and networks across the globe.
6. The ability of a machine to imitate intelligent human behavior.
7. A small, portable device used for making calls and sending messages.
1. A service that provides access to resources and data over the internet.
8. The use of biometric data like fingerprints for identification.
11. A device that converts digital information into physical output.
13. The use of electronic systems for controlling industrial processes.

crossword 13

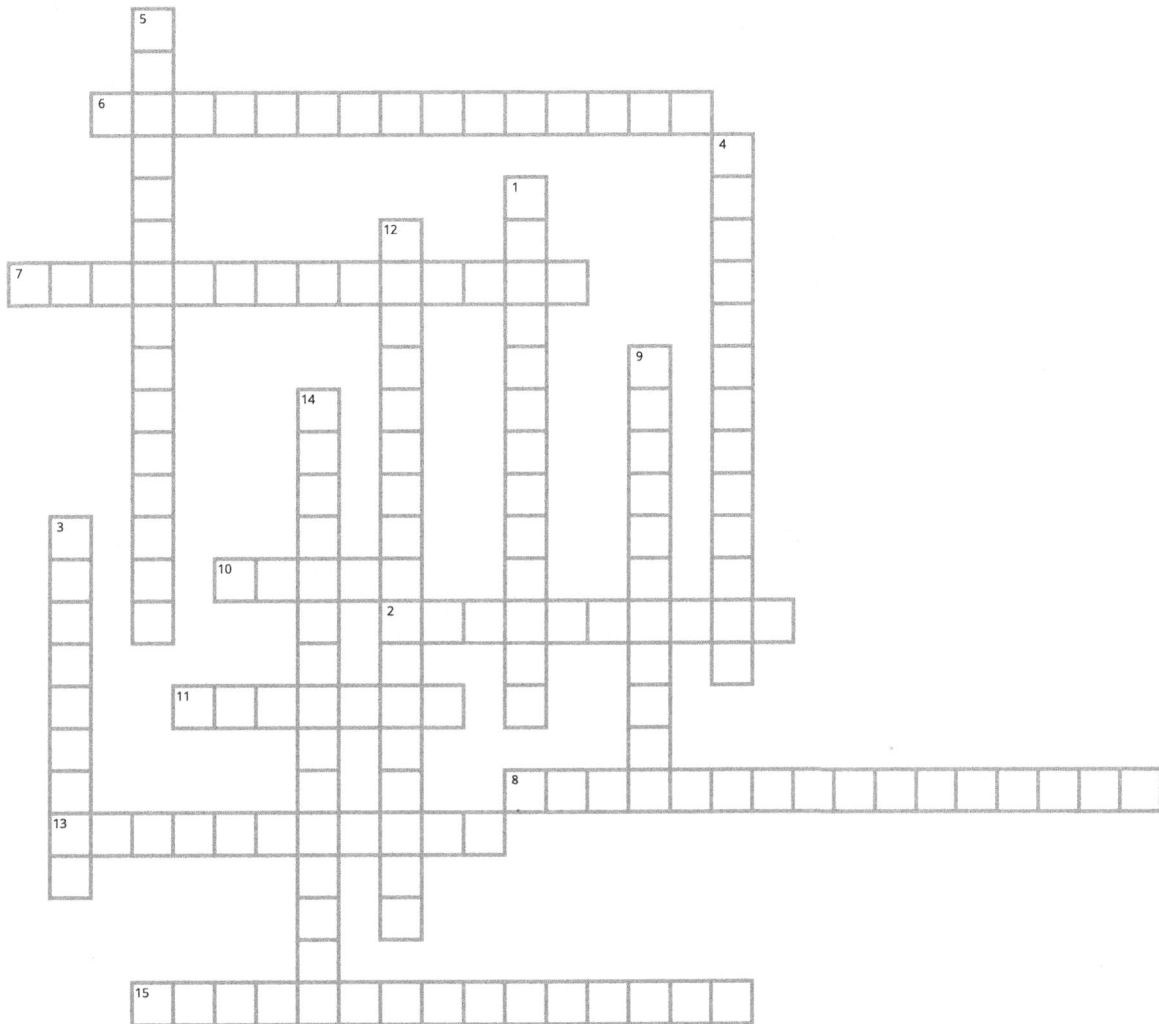

Across
2. The loss of a species from a specific area or from the entire planet.
6. The gradual rise in the Earth's average temperature leading to climate change.
7. The depletion of the ozone layer due to chemicals like CFCs.
8. The excessive accumulation of waste in the environment, especially in oceans.
10. A catastrophic event caused by the overflow of water onto normally dry land.
11. The melting of polar ice and glaciers due to global temperature rise.
13. The overfishing of ocean species, threatening marine ecosystems.
15. The alteration of ecosystems due to invasive species introduced by human activity.

Down
1. The warming of the Earth's surface due to human activities like burning fossil fuels.
3. The contamination of air, water, or soil by harmful substances.
4. The process of removing trees and vegetation from an area of land.
5. The excessive use of resources beyond the planet's ability to regenerate them.
9. The alteration of natural landscapes due to human activity and urbanization.
12. The exhaustion of resources at a faster rate than they can be regenerated.
14. The excess carbon dioxide in the atmosphere leading to ocean acidification.

crossword 14

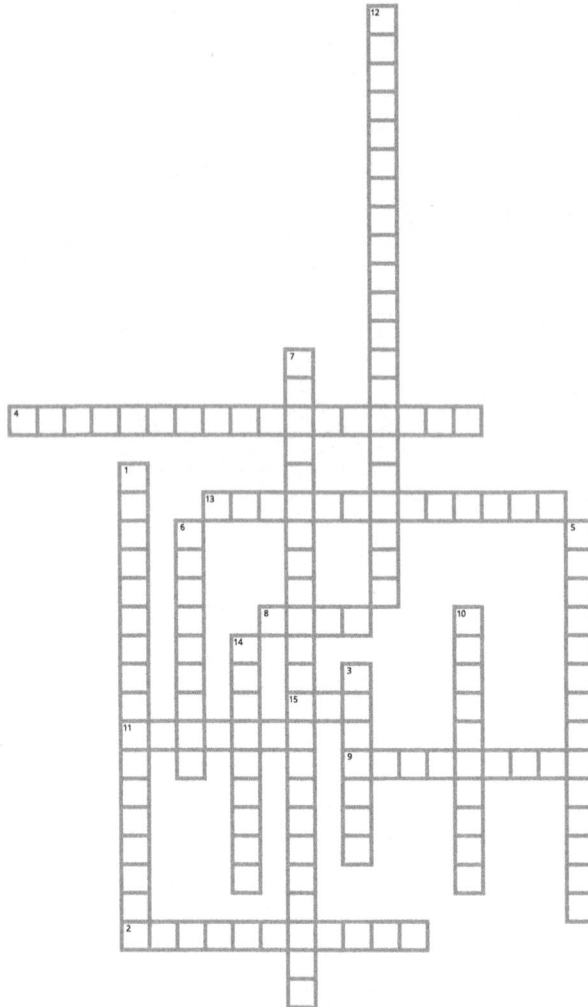

Across

2. The amount of money earned before deductions like taxes and expenses.
4. A comprehensive overview of your financial situation, including assets and liabilities.
8. A document that outlines how your assets should be distributed after your passing.
9. The rate at which the general level of prices for goods and services rises.
11. Money paid regularly to a retiree from an investment fund.
13. A financial goal that can be achieved in the short term, often within a year.
15. A type of account with tax advantages for saving money for retirement.

Down

1. The process of creating a roadmap for managing your money and achieving goals.
3. A sum of money set aside for future use, often in a bank account.
5. A plan to ensure you have enough money during your retirement years.
6. The process of dividing your income into different categories for spending.
7. Investments with lower risk but also lower potential returns.
10. A percentage of your income that goes toward taxes and social security.
12. Investments with higher risk but also higher potential returns.
14. The amount of money remaining after deductions like taxes and expenses.

crossword 15

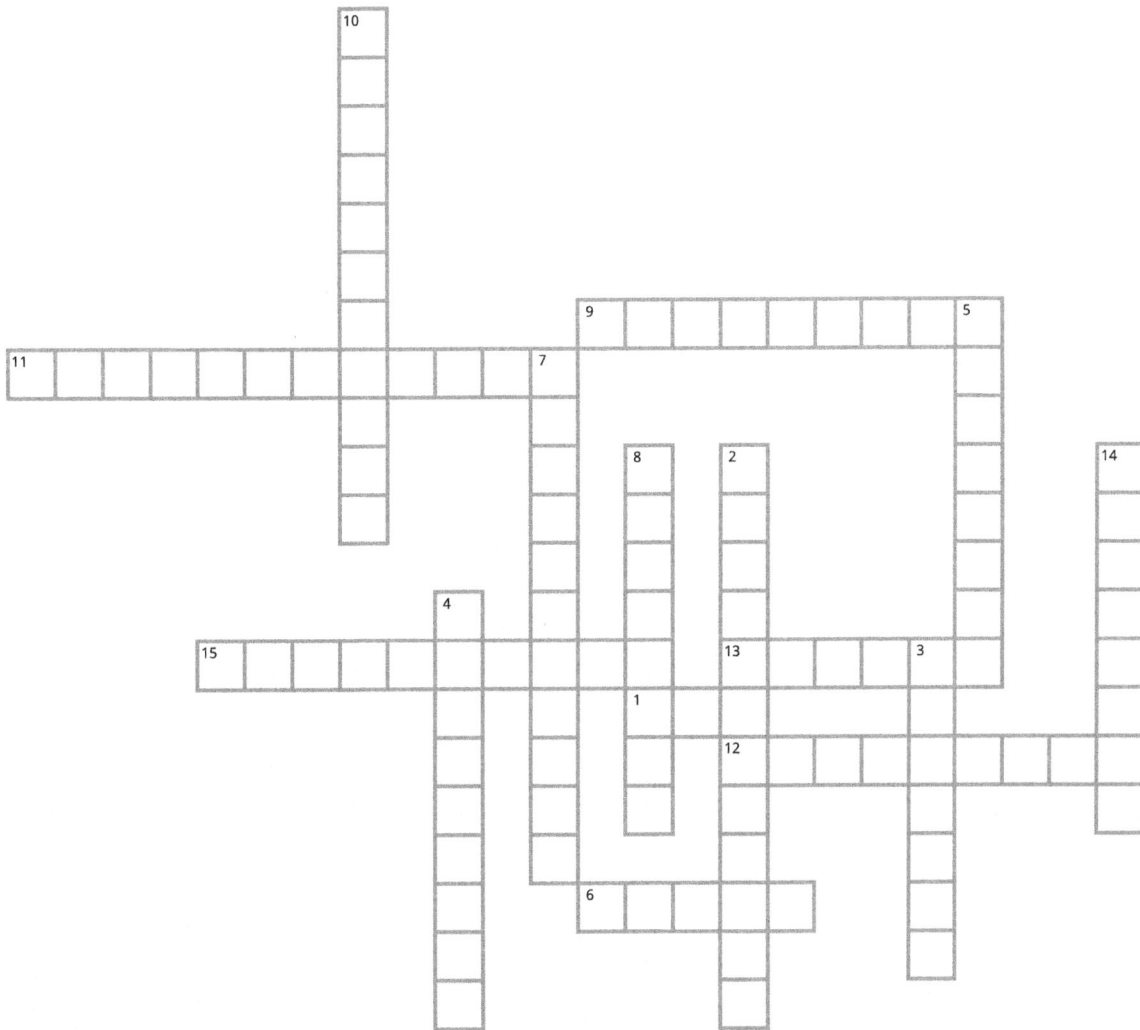

Across
1. Creative pursuits like painting, drawing, and sculpture.
6. Pursuing musical interests by playing instruments or singing.
9. Exploring new destinations and cultures through travel.
11. Engaging in brain-stimulating activities like puzzles and games.
12. Learning new skills or subjects in a formal or informal setting.
13. Enjoying outdoor activities such as hiking, fishing, or biking.
15. Participating in leisurely activities like picnics and outings.

Down
2. Volunteering for charitable organizations or community initiatives.
3. Relaxing and unwinding with a good book or magazine.
4. Growing plants and flowers in a garden or on a balcony.
5. Physical activities to keep the body healthy and fit.
7. Joining clubs or groups with shared hobbies and interests.
8. Trying out new recipes and enjoying cooking or baking.
10. Capturing memories through photography or video-making.
14. Taking up crafts like knitting, sewing, or woodworking.

crossword 16

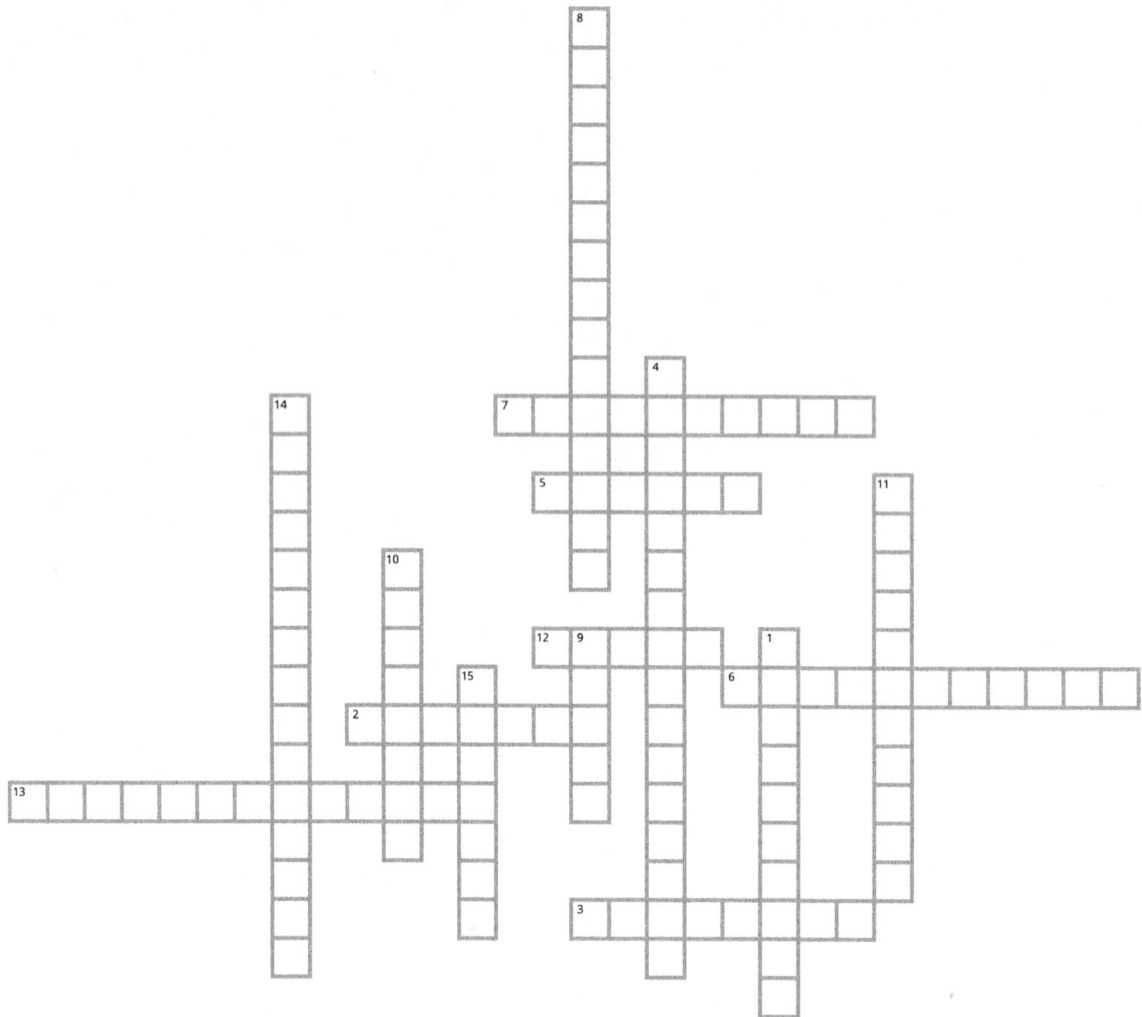

Across
2. An object that brings back memories of a specific time or event.
3. A cherished possession that holds sentimental value from the past.
5. A handwritten message or note from someone in the past.
6. The act of recalling events and experiences from one's history.
7. A collection of old photographs capturing moments from the past.
12. An old-fashioned object that reminds us of the past.
13. The act of looking through old photographs or keepsakes.

Down
1. A nostalgic term for revisiting one's past experiences and memories.
4. A song, movie, or phrase that evokes memories from a certain era.
8. An event or occurrence that stands out in one's memory.
9. A specific year or time period that holds personal significance.
10. A small object representing a particular time or place in one's life.
11. A historical period that one remembers fondly or nostalgically.
14. A vivid and cherished memory from one's childhood.
15. A gathering or event where old friends come together to reminisce.

crossword 17

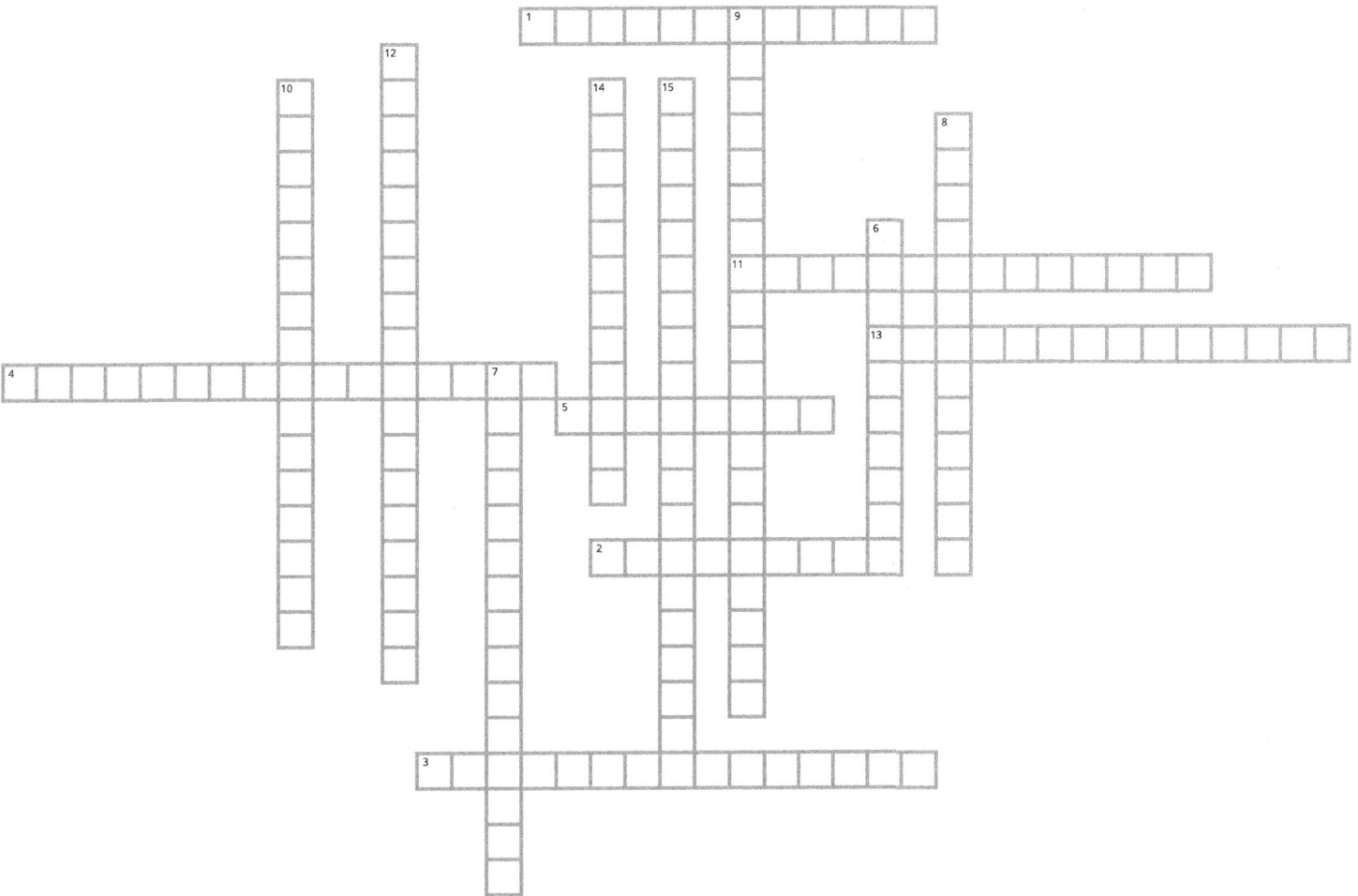

Across
1. Giving your time and effort for the betterment of others without payment.
2. A person who actively participates in community service and charitable activities.
3. A local center where volunteers gather to help those in need.
4. The act of helping others in one's neighborhood or locality.
5. A charitable organization that collects and distributes food to those in need.
11. A group of individuals working together to support a shared cause.
13. The act of providing assistance to disaster-stricken areas or during emergencies.

Down
6. A social gathering organized by volunteers to raise funds for a cause.
7. Engaging in activities that contribute positively to the well-being of your town or city.
8. The act of participating in projects that benefit the general public.
9. A program where volunteers provide companionship to the elderly.
10. A project that aims to clean up and improve public spaces.
12. A charitable event where volunteers come together to build houses for those in need.
14. The giving of money, goods, or time to those in need without expecting anything in return.
15. The process of improving a neighborhood by working collectively on various projects.

crossword 18

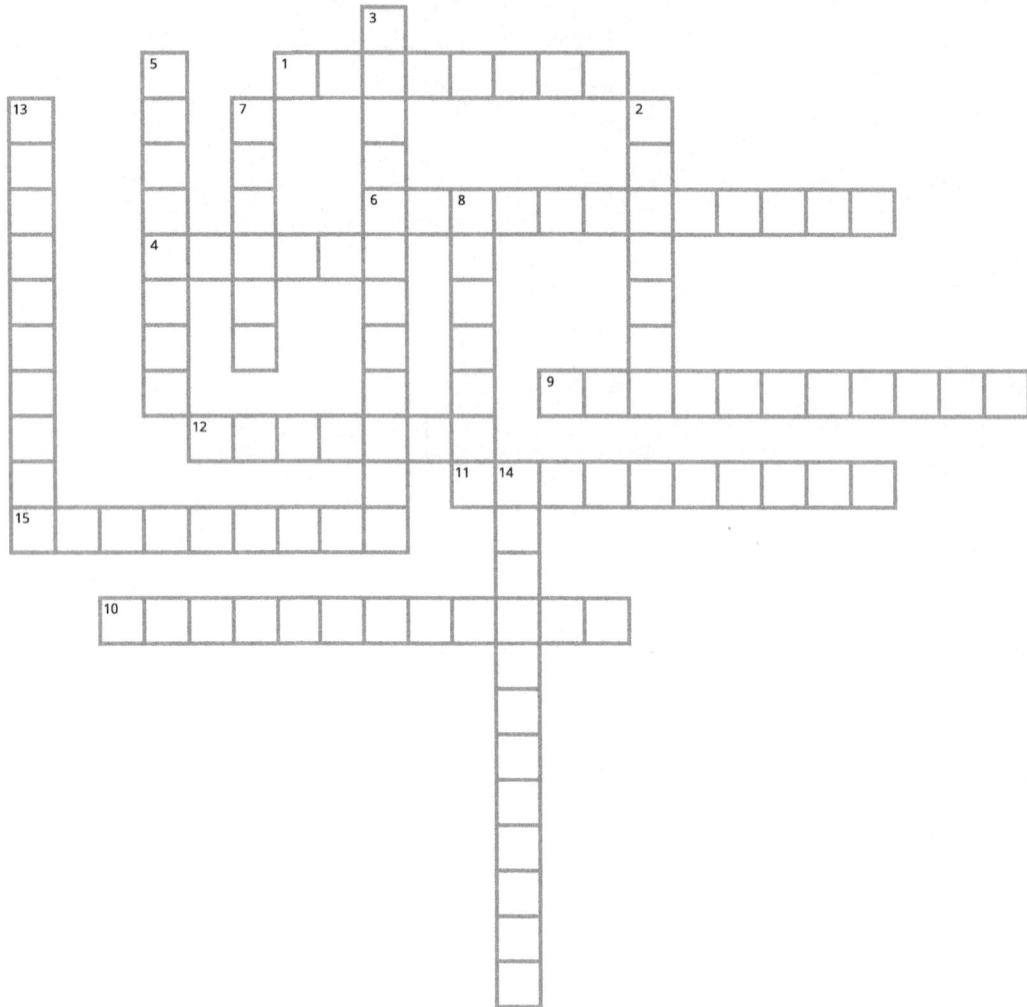

Across
1. The creative activity of making decorative objects by hand.
4. A technique where small pieces of colored glass or tile are arranged to form a pattern.
6. The practice of drawing or painting on small stones and then placing them in public spaces.
9. The process of transferring images from one surface to another using ink or paint.
10. The art of creating designs by arranging small pieces of colored glass or other materials.
11. The use of colored threads to create patterns on fabric.
12. The act of weaving threads together to create textiles or fabrics.
15. The practice of decorating objects with colored enamel fused to the surface.

Down
2. The practice of folding paper into various shapes to create art.
3. The process of cutting intricate designs into paper or other materials.
5. The art of shaping clay into pottery or sculptures and firing them in a kiln.
7. A tool used to create intricate designs in wood, metal, or other materials.
8. The art of arranging and gluing paper cutouts to create images or designs.
13. A small handheld tool used for cutting and shaping various materials.
14. The art of shaping metal by hammering or molding it into desired forms.

crossword 19

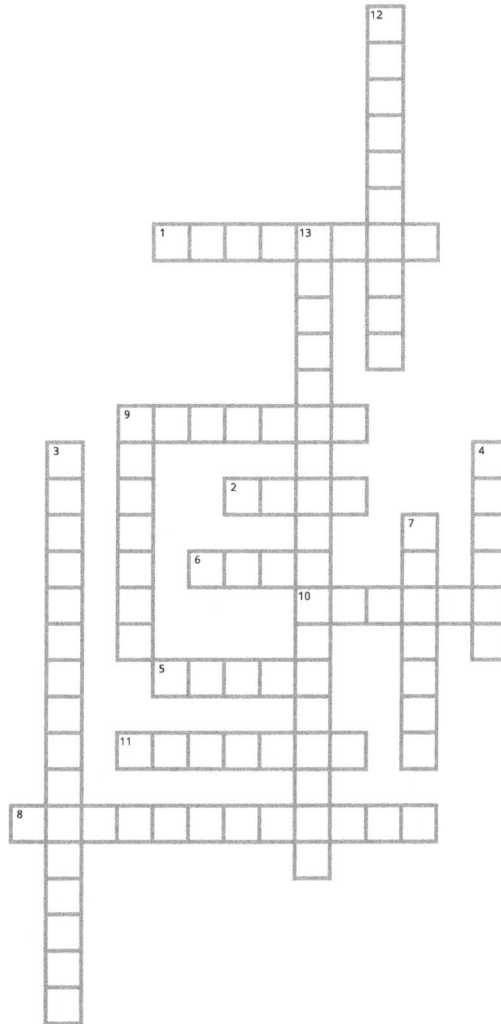

Across
1. A physical activity involving repetitive movements to improve cardiovascular health.
2. The practice of combining stretching and breathing exercises for relaxation and flexibility.
5. A form of exercise that uses dance movements to improve fitness and coordination.
6. A program of high-intensity exercises designed to improve overall fitness.
8. A series of bodyweight exercises done in rapid succession to improve endurance.
9. A practice that involves stretching and holding poses to increase flexibility.
10. A type of exercise using controlled movements and breathing to improve posture and strength.
11. A physical activity that involves running or walking for an extended period.

Down
3. A type of exercise that focuses on building and toning muscles using resistance.
4. The act of raising your heart rate through rhythmic and coordinated movements.
7. A cardiovascular exercise performed on a stationary bike.
12. A form of exercise that combines dance and aerobics to upbeat music.
13. The practice of using bodyweight exercises to improve strength, balance, and flexibility.
9. A low-impact exercise program that emphasizes fluid movements and mindfulness.

crossword 20

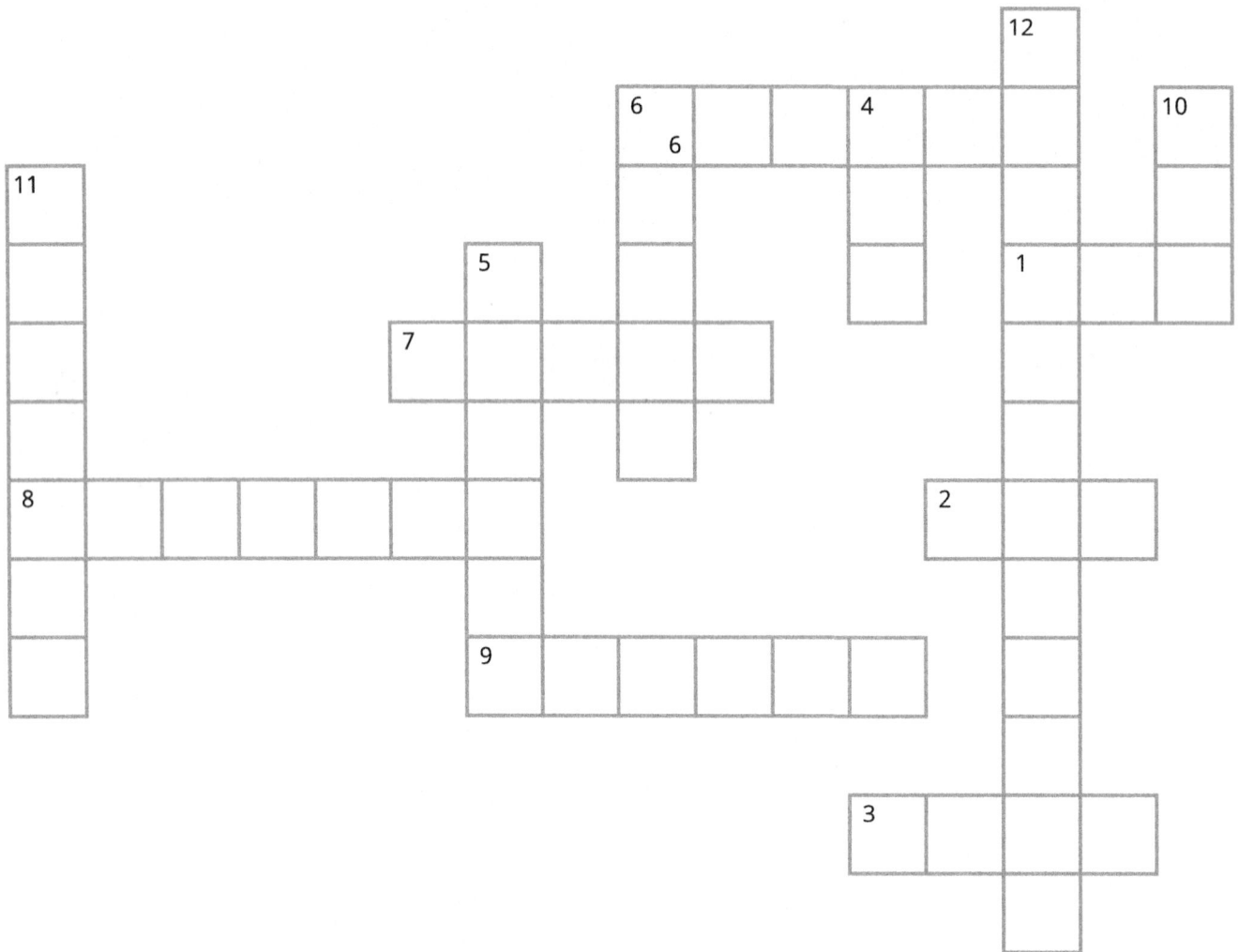

Across
1. A domesticated animal often kept for companionship and loyalty.
2. A four-legged mammal known for its ability to purr and chase mice.
3. A popular small pet with colorful scales and a bowl habitat.
6. A creature with eight legs and silk-spinning abilities.
7. A long-necked animal that's often associated with deserts and water sources.
8. A small and furry rodent often kept as a pet in a cage.
9. A small reptile with a hard shell that often retreats into its shell for protection.

Down
4. A playful and social animal often associated with wagging tails.
5. A cage-dwelling pet bird known for its ability to mimic human speech.
6. A farm animal known for producing wool and bleating sounds.
10. A nocturnal flying mammal known for its echolocation abilities.
11. A graceful marine creature often associated with leaping out of the water.
12. A type of colorful and lively pet that lives in an underwater tank.

Maze 1

Maze 2

Maze 3

Maze 4

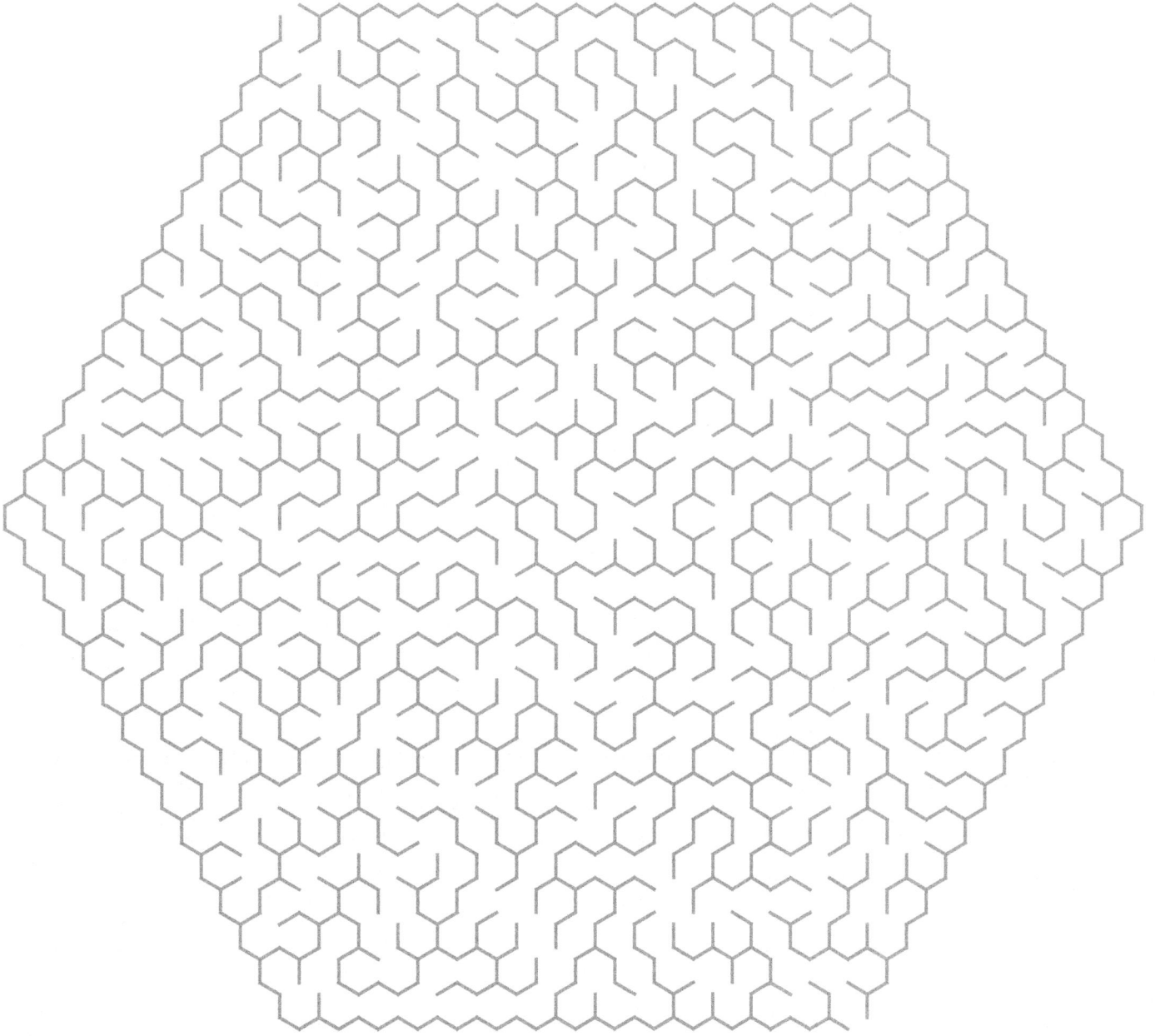

Maze 5

Puzzle 1

8			9	7			5	
2		4		3				
	9		8			2		
1	6	2				4		
			4		1			
		7				6	8	1
		1			7		9	
				2		1		3
	2			9	5			7

Puzzle 2

2			8					3
		4		6		9		
6				4				
5	7				9	8	3	4
	8			7			9	
3	6	9	5				7	1
				9				7
		8		1		4		
9					5			8

Puzzle 3

			7	9			4	
			5					2
	4	3		8	2			
6	1			5	9		3	
9								1
	5		8	7			9	6
			9	6		1	7	
7					5			
	9			1	7			

Puzzle 4

	5	9			6			
	7		3					
	8	2	1	5	7	6		
9		3						
	1		8		4		5	
						4		9
		8	9	2	3	5	4	
					8		2	
			6			8	1	

Puzzle 5

			7	2			9	
				9		5	2	
9	7			1	8			3
6					2	4		
	8						5	
		4	8					2
7			9	8			3	4
	2	8		6				
	3			4	7			

Puzzle 6

6			5		1	8		
		3		2			7	
	9				7	1		5
	8				4	3	6	
	3	1	2				9	
9		2	7				3	
	6			4		7		
		8	6		9			2

Puzzle 7

					3			
		7		2				9
	8		1		4		2	6
	2	6				4	7	
9	3			4			1	5
	4	5				2	9	
4	7		9		8		3	
3				5		1		
			7					

Puzzle 8

7			2	1	4			9
		5		6		1		
	6				9			7
3				7		2		
	7						9	
		2		9				6
4			9				1	
		3		2		7		
1			8	4	7			5

Puzzle 9

		6						
	7		6		9			
1		2	5		4		6	
	1	5		3	8			7
8								3
6			9	4		1	2	
	9		4		3	2		6
			7		6		8	
						5		

Puzzle 10

	5	4		7		2		1
	2		3			5		4
	8		4					6
		7	2					
	9						1	
					7	4		
9					4		7	
2		8			3		4	
4		6		9		1	5	

Puzzle 11

					7	8		
8		1		9	2		6	4
5				1				
	5						8	
3	4	6				9	7	2
	2						5	
				2				5
4	1		9	8		2		7
		3	1					

Puzzle 12

7				6	2		5	
6	5				8		2	4
		4		5				
3			6		5			
		1		2		5		
			3		4			7
				8		4		
8	4		5				7	1
	1		7	4				6

Puzzle 13

9	2				6	1		
	7		4			9		
6			1	9				
		2		5			6	7
			2		1			
5	8			6		2		
				3	2			4
		3			9		7	
		7	6				8	1

Puzzle 14

3	1	7			6		2	9
		2					8	3
								5
	6			2		3		
	2		3	7	9		4	
		3		4			1	
7								
2	3					6		
9	8		1			2	3	7

Puzzle 15

		2				9		
		1	2		9		8	
7			1		8		4	
	6				4		3	
4		7		1		8		9
	9		8				1	
	7		6		1			5
	2		3		5	1		
		4				6		

Puzzle 16

9	6			3		8		
2								
5			6	2	8		1	4
		3			5			
	9		1		6		2	
			9			5		
8	4		5	6	7			3
								5
		6		9			4	8

Puzzle 17

					9	6		
	9		5			7	4	3
4				3			2	
	3		8			2		1
		9		2		5		
5		4			1		8	
	1			9				5
3	6	2			5		1	
		5	6					

Puzzle 18

8	5						2	
						3		5
	1	3	6		4			
7				4	1			
	9	5	8		6	4	3	
			7	9				2
			2		7	5	8	
4		7						
	8						7	1

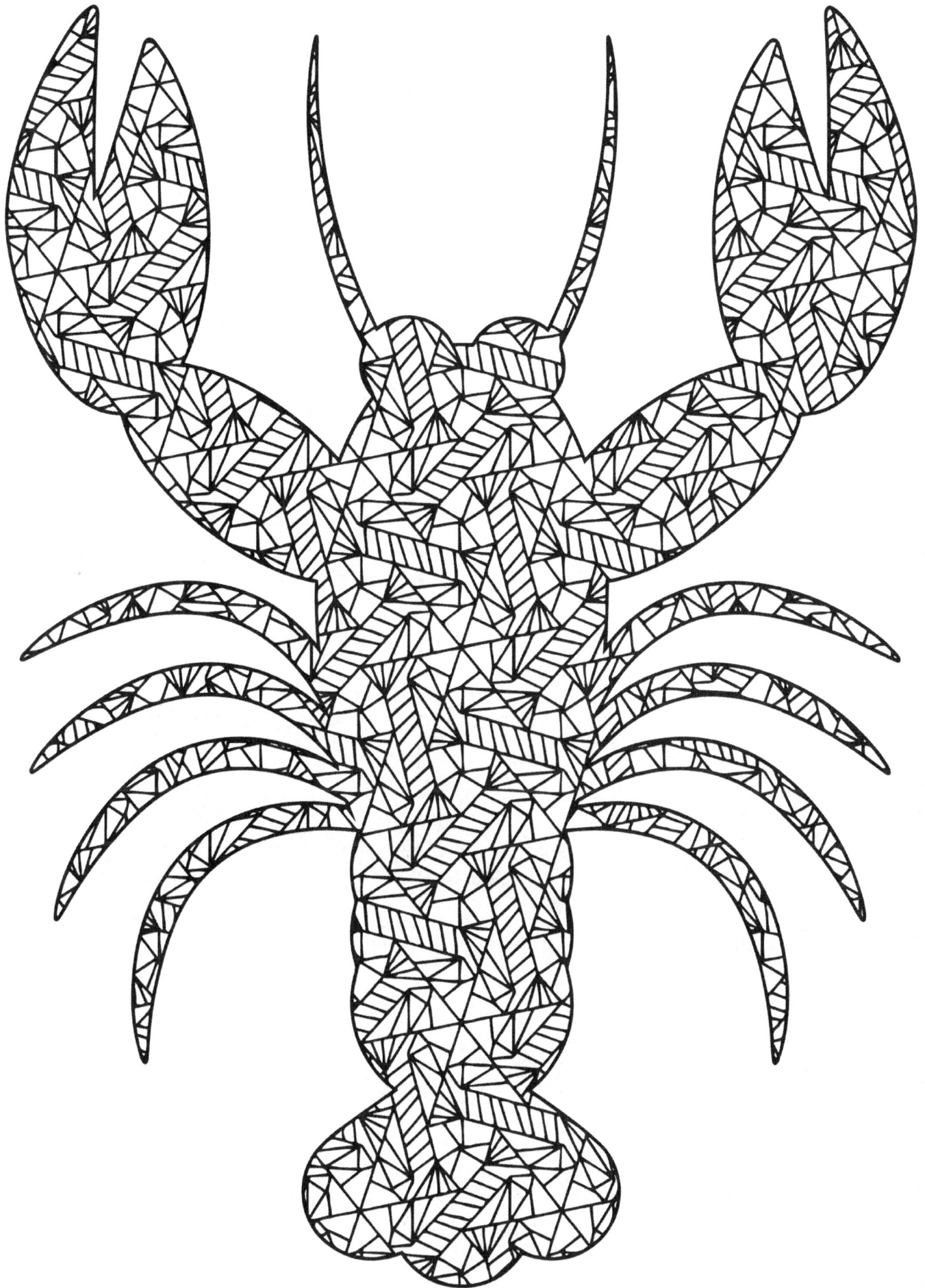

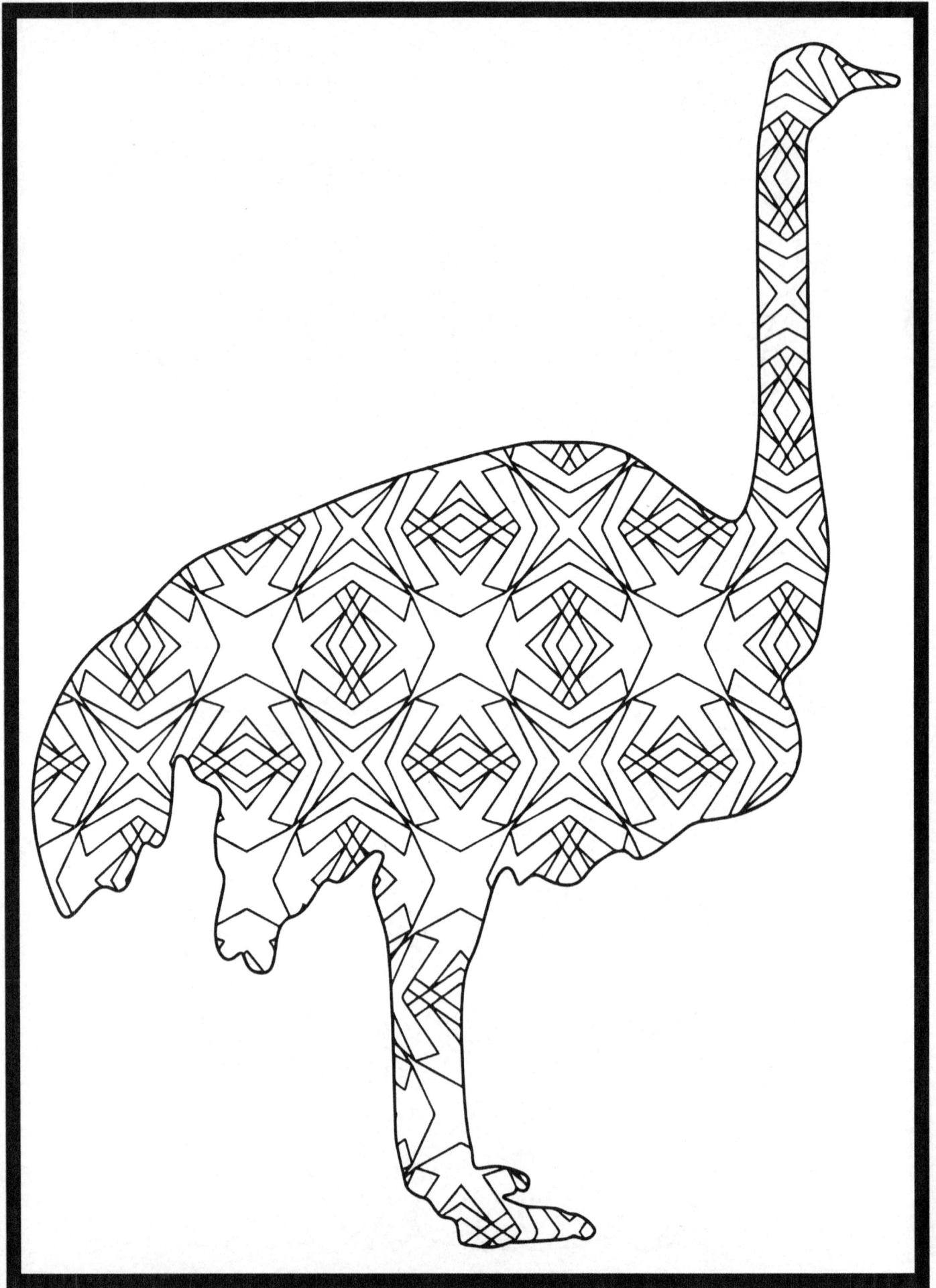

Clue 1

```
F  M  O  D  S  I  W  G  J  L  I  E  M  N  Q  V  H  K
A  C  M  C  M  E  N  O  I  T  A  X  A  L  E  R  T  R
O  G  Y  O  A  Y  I  R  E  J  U  V  E  N  A  T  E  R
Z  T  N  T  D  N  L  R  S  X  M  J  N  V  T  T  E  Z
A  L  V  E  I  E  O  J  O  W  H  O  B  B  I  E  S  F
L  P  S  S  R  L  E  I  K  M  M  K  F  R  M  D  S  O
F  C  R  R  Z  D  I  R  S  N  E  G  E  Z  E  M  Y  X
U  P  A  E  J  O  L  U  F  N  H  M  T  K  O  V  O  G
I  U  E  F  L  G  W  I  Q  C  E  V  Z  T  F  H  O  N
M  N  Y  L  H  X  E  R  H  N  R  P  P  R  F  H  L  D
B  W  N  E  X  L  Q  A  T  C  A  U  K  Y  N  U  L  K
G  I  E  C  P  J  K  D  P  S  D  R  S  P  I  L  E  A
X  N  D  T  Z  O  G  A  A  R  A  N  T  Q  P  Y  I  F
X  D  L  I  A  U  X  V  J  X  A  D  A  E  I  I  S  N
F  G  O  O  J  R  I  N  Y  S  E  A  R  L  W  U  X
B  S  G  N  I  N  N  I  D  N  O  C  E  S  G  Z  R  D
S  S  Y  D  G  E  B  Q  T  N  E  M  Y  O  J  N  E  F
R  P  P  S  M  Y  B  G  I  L  J  G  C  C  C  R  V  O
```

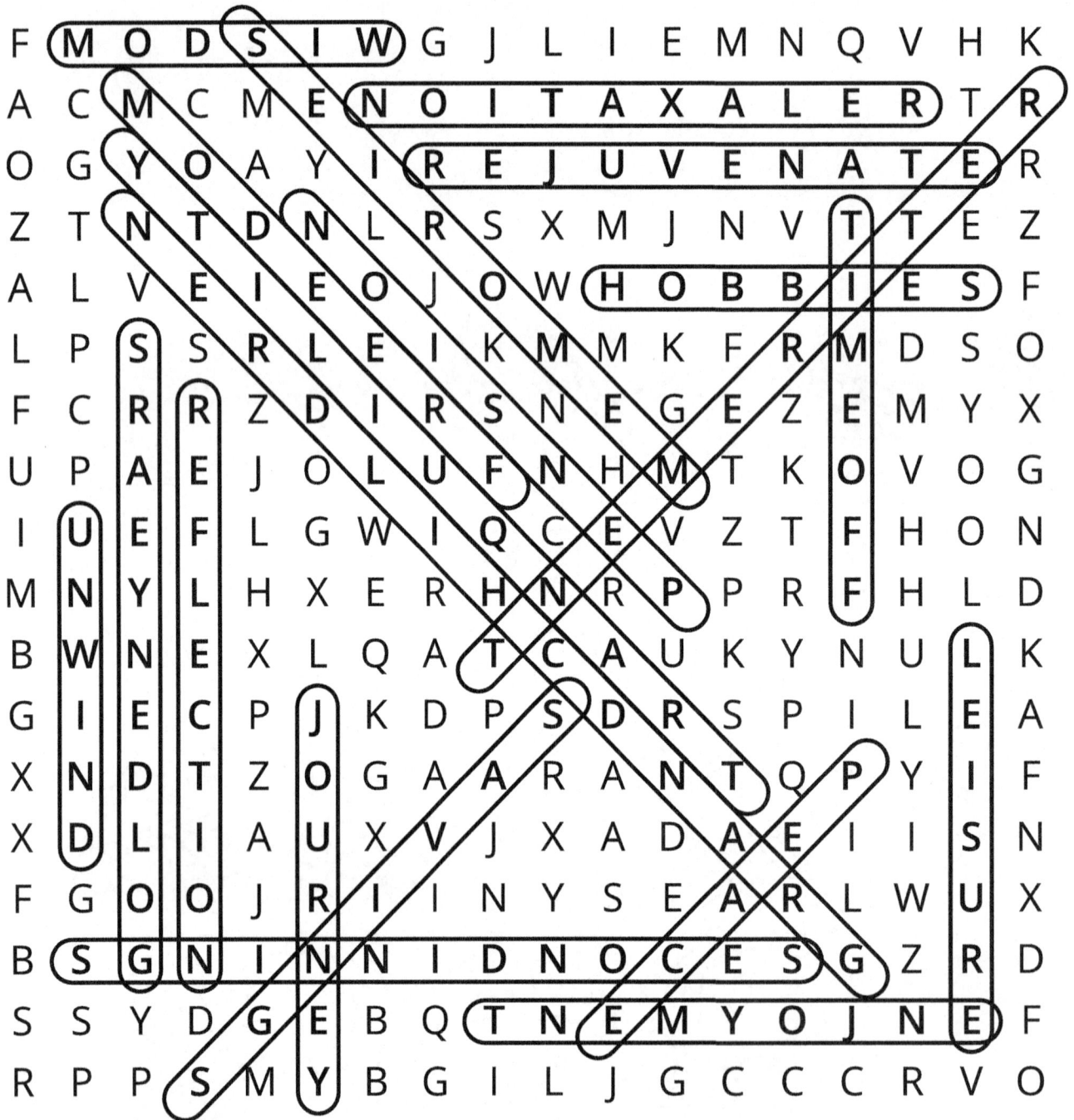

Peace	Wisdom	Unwind
Savings	Journey	Pension
Freedom	Leisure	Hobbies
Time off	Memories	Enjoyment
Retirement	Relaxation	Reflection
Rejuvenate	Tranquility	Golden years
Grandchildren	Second innings	

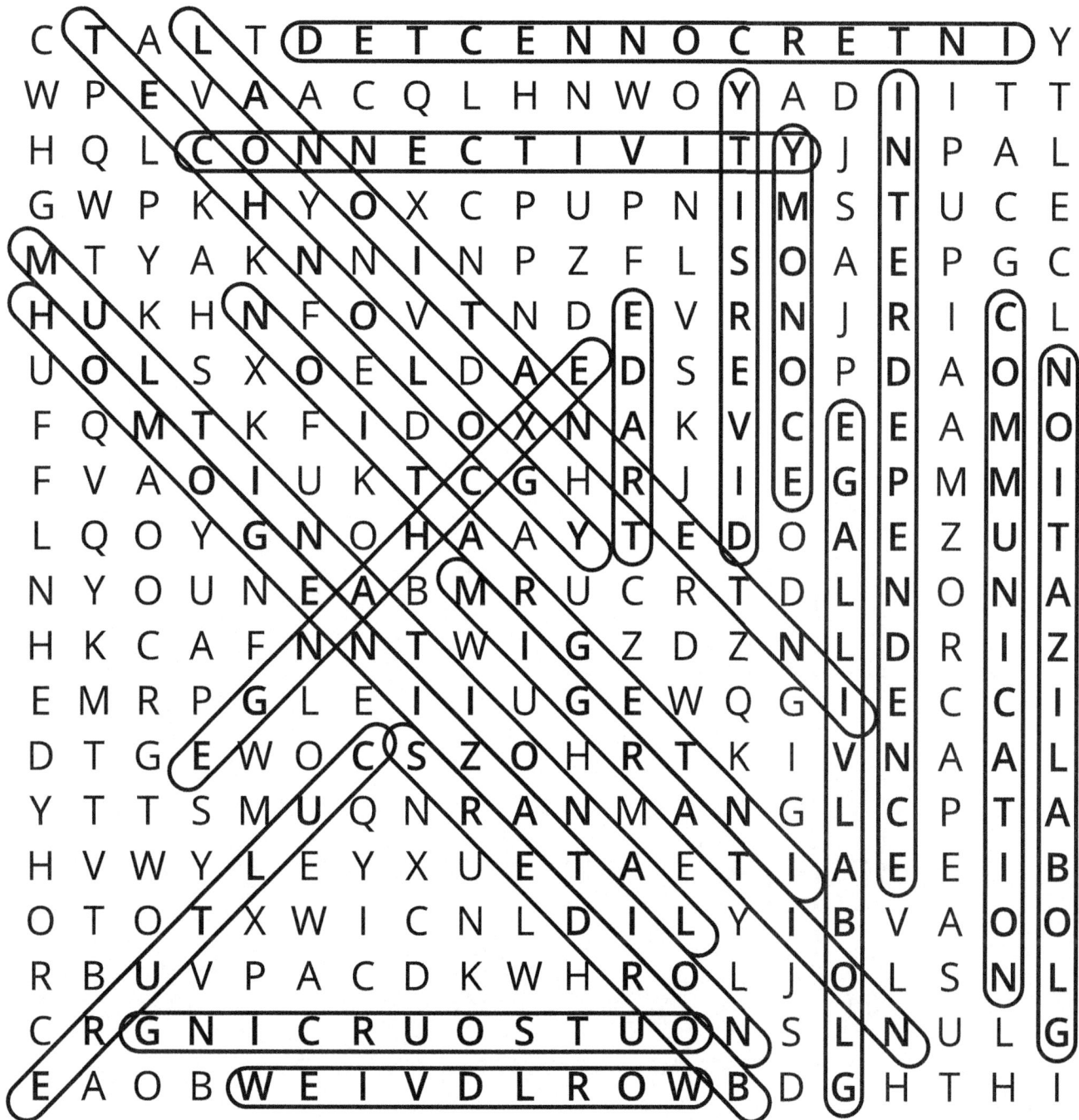

Clue 2

```
C T A L T D E T C E N N O C R E T N I Y
W P E V A A C Q L H N W O Y A D I I T T
H Q L C O N N E C T I V I T Y Y J N P A L
G W P K H Y O X C P U P N I M S T U C E
M T Y A K N N I N P Z F L S O A E P G C
H U K H N F O V T N D E V R E O J D R C L
U O L S X O E L D A E D S E V I C E A M
F Q M T K F I D O X N A K V I E G P A M
F V A O I U K T C G H R J D O E G E M Z U
L Q O Y G N O H A A Y T E D O A L E Z O N
N Y O U N E A B M R U C R T D L N O R I
H K C A F N N T W I G Z D Z N L D R C A Z
E M R P G L E I I U G E W Q G I E C I L
D T G E W O C S Z O H R T K I V N A T A B
Y T T S M U Q N R A N M A N G L C P I O
H V W Y L E Y X U E T A E T I A E E I B
O T O T X W I C N L D I L Y I B V A S O
R B U V P A C D K W H R O L J O L S U L G
C R G N I C R U O S T U O N S L N U L H
E A O B W E I V D L R O W B D G H T H I
```

Trade
Borders
Migration
Integration
Globalization
Multinational
Homogenization

Culture
Exchange
Worldview
Outsourcing
Communication
Interconnected
Interdependence

Economy
Diversity
Technology
Connectivity
International
Global Village

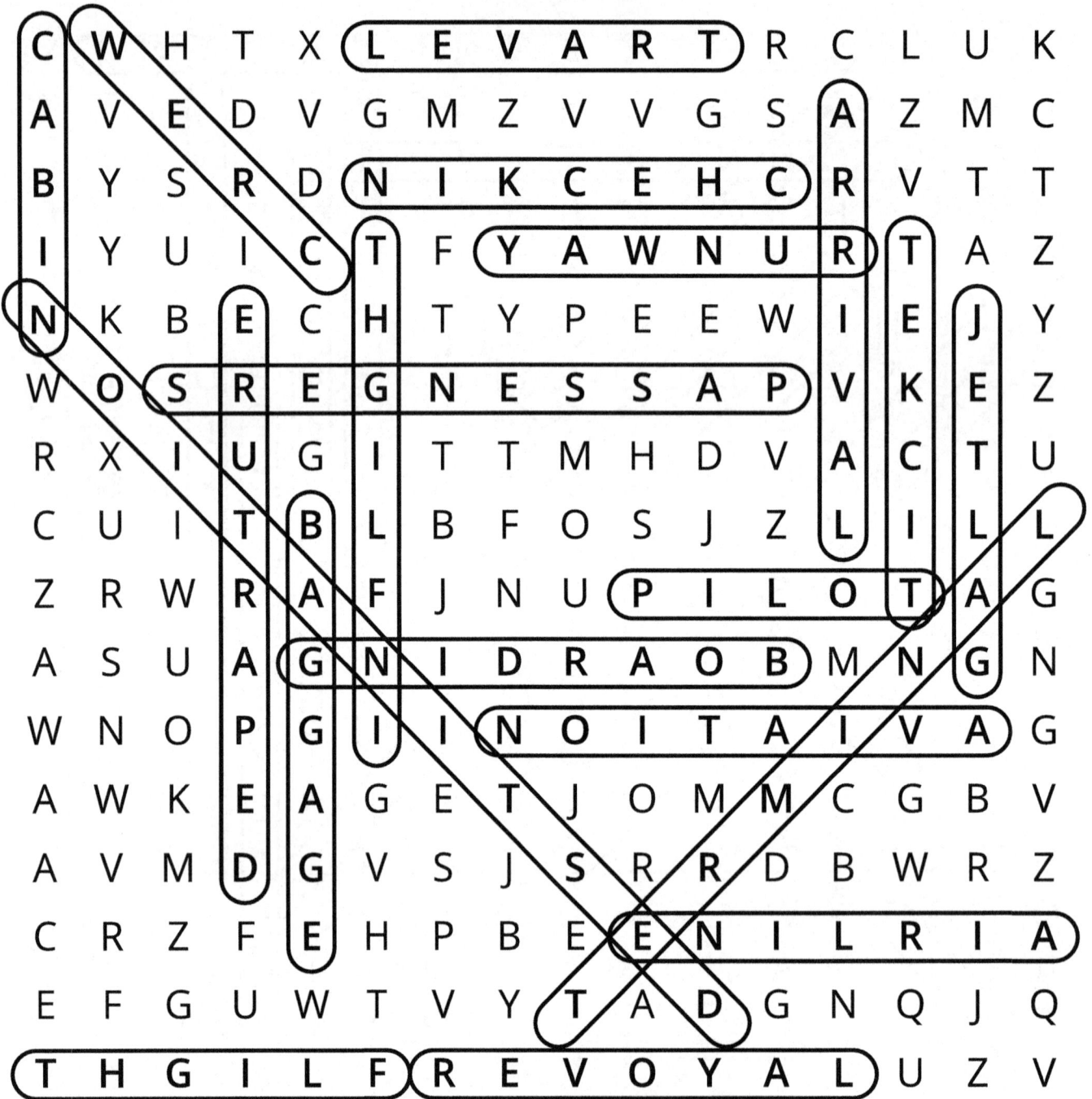

Clue 3

```
C W H T X (L E V A R T) R C L U K
A V E D V G M Z V V G S A Z M C
B Y S R D (N I K C E H C) R V T T
I Y U I C T F (Y A W N U R) T A Z
N K B E C H T Y P E E W I E J Y
W O S R E G N E S S A P) V K E Z
R X I U G I T T M H D V A C T U
C U I T B L B F O S J Z L I L L
Z R W R A F J N U (P I L O T) A G
A S U A G N I D R A O B) M N G N
W N O P G I I (N O I T A I V A) G
A W K E A G E T J O M M C G B V
A V M D G V S J S R R D B W R Z
C R Z F E H P B E E (E N I L R I A)
E F G U W T V Y T A D G N Q J Q
(T H G I L F) (R E V O Y A L) U Z V
```

Crew   Pilot   Cabin

Flight   Ticket   Travel

Runway   Jetlag   Airline

Arrival   Baggage   Checkin

Layover   Boarding   Terminal

Aviation   Inflight   Departure

Passengers   Destination

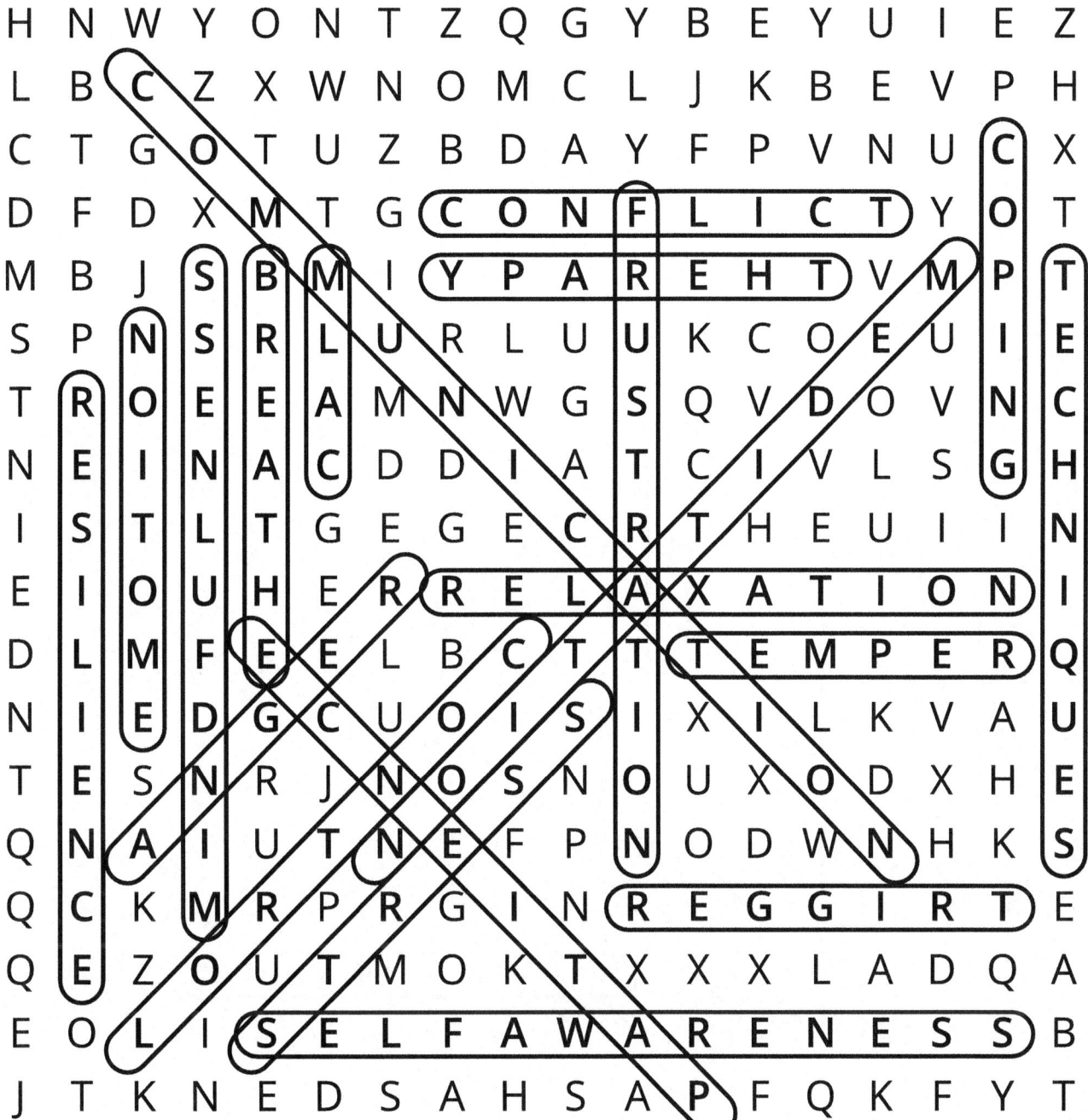

Clue 4

```
H N W Y O N T Z Q G Y B E Y U I E Z
L B C Z X W N O M C L J K B E V P H
C T G O T U Z B D A Y F P V N U C X
D F D X M T G C O N F L I C T Y O T
M B J S B M I Y P A R E H T V M P T
S P N S R L U R L U U K C O E U I E
T R O S E A M N W G S Q V D O V N C
N E I N A C D D I A T C I V L S G H
I S T L T G E G E C R T H E U I I N
E I O U H E R R E L A X A T I O N I
D L M F E E L B C T T E M P E R Q Q
N I E D G C U O I S I X I L K V A U
T E S N R J N O S N O U X O D X H E
Q N A I U T N E F P N O D W N H K S
Q C K M R P R G I N R E G G I R T E
Q E Z O U T M O K T X X X L A D Q A
E O L I S E L F A W A R E N E S S B
J T K N E D S A H S A P F Q K F Y T
```

Calm	Anger	Coping
Stress	Temper	Emotion
Control	Breathe	Therapy
Trigger	Patience	Conflict
Techniques	Relaxation	Resilience
Meditation	Frustration	Mindfulness
Communication	Selfawareness	

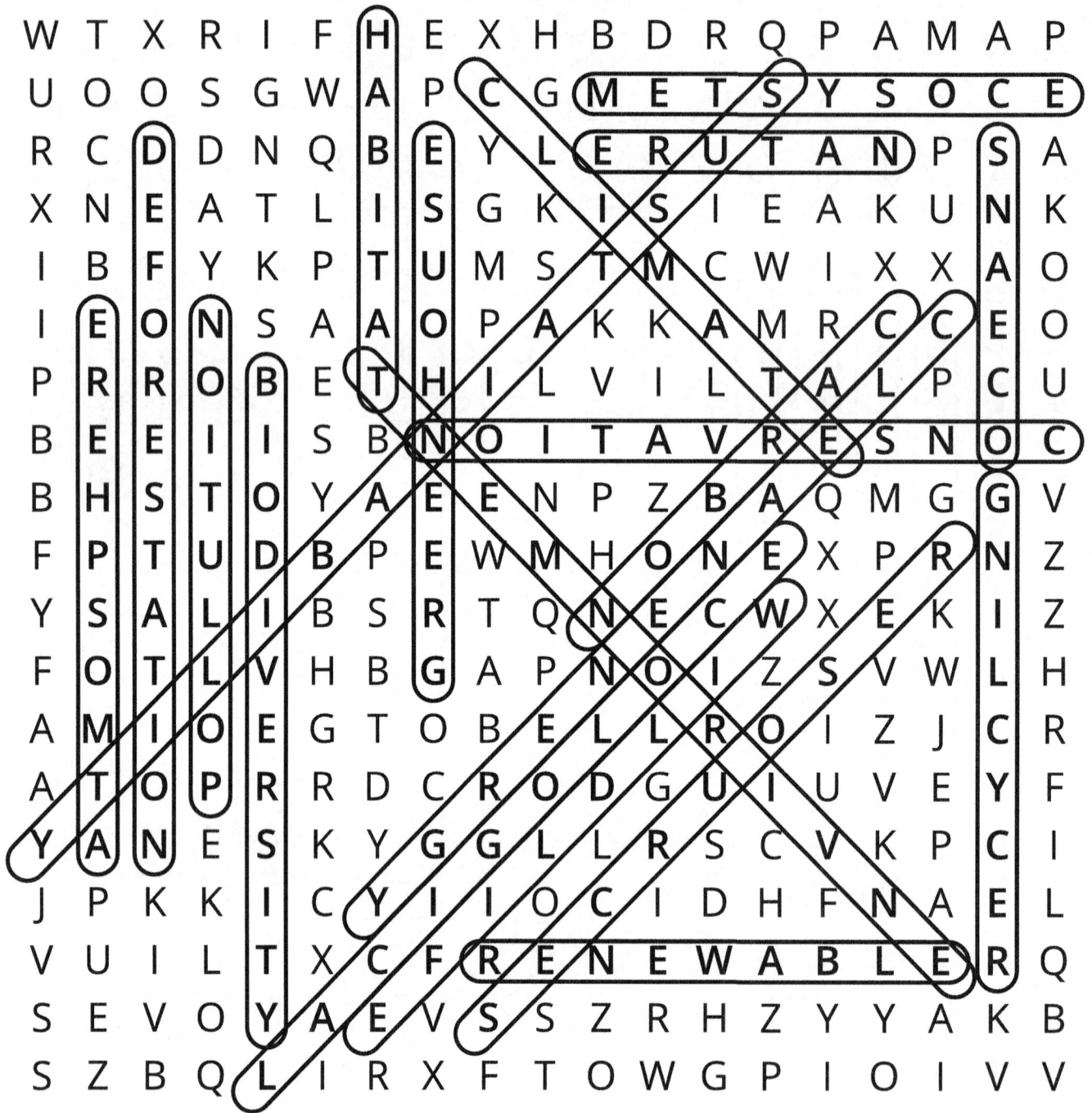

Clue 5

```
W T X R I F H E X H B D R Q P A M A P
U O O S G W A P C G M E T S Y S O C E
R C D D N Q B E Y L E R U T A N P S A
X N E A T L I S G K I S I E A K U N K
I B F Y K P T U M S T M C W I X X A O
I E O N S A A O P A K K A M R C C E O
P R E O B E T H I L V I L T A L P C U
B E E I O S B N O I T A V R E S N O C
B H S T O Y A E E N P Z B A Q M G G V
F P T U D B P E W M H O N E X P R N Z
Y S A L I B S R T Q N E C W X E K I Z
F O T V H B G A P N O I Z S V W L C H
A M I O E G T O B E L L R O I Z J C R
A T O P R R D C R O D G U I U V E Y F
Y A N E S K Y G G L L R S C V K P C I
J P K K I C Y I I O C I D H F N A E L
V U I L T X C F R E N E W A B L E R Q
S E V O Y A E V S S Z R H Z Y Y A K B
S Z B Q L I R X F T O W G P I O I V V
```

Nature	Oceans	Carbon
Climate	Habitat	Wildlife
Ecosystem	Pollution	Recycling
Renewable	Resources	Greenhouse
Ecological	Atmosphere	Environment
Conservation	Biodiversity	Clean energy
Deforestation	Sustainability	

Clue 6

```
N E X E H  T R U M P  M W E L W
R O T L R H Y  T R U M A N  L N
N O S K C A J  O J L J S E O Q
J I O L  N O S I R R A H  S X E
R B X S I Z O K U E B I C J G
E T A O E W P S I V D N A M D
A F E L N V B S G A O G R R I
G A D I Q M E D M S S T R K L
A T P N H N S L R A Y O E I O
N R V C H F G E T S Q N R A O
W J O O L L F C L I N T O N C
M F W L H F Q M F E A B Q N T
P E A N E Y F W D K A E P D P
R L U J O Y V Y V M L B C V D
I Q R Z G X E I A D A M S O N
```

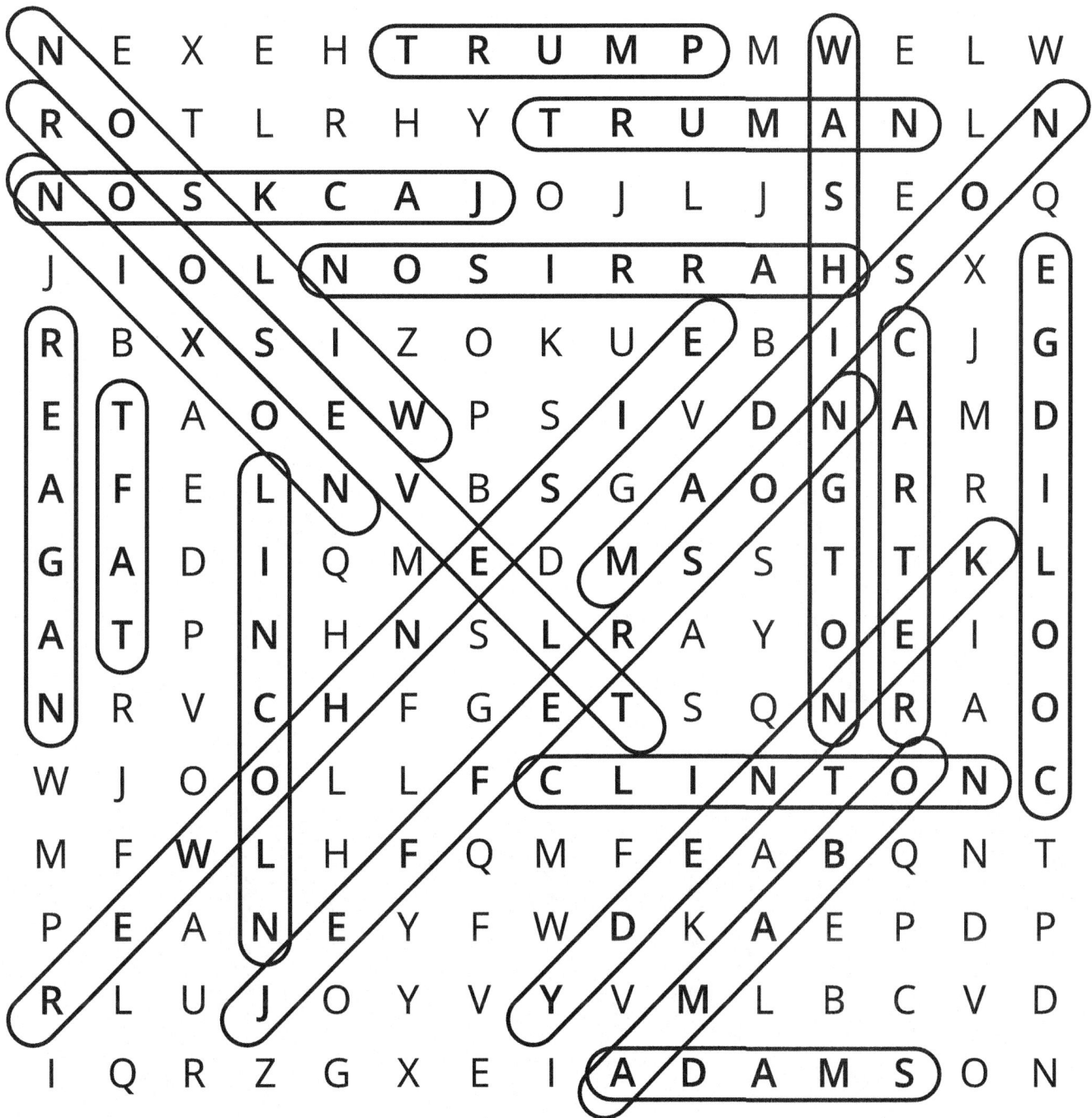

Taft
Nixon
Carter
Lincoln
Madison
Coolidge
Washington

Obama
Adams
Truman
Kennedy
Jackson
Jefferson
Eisenhower

Trump
Reagan
Wilson
Clinton
Harrison
Roosevelt

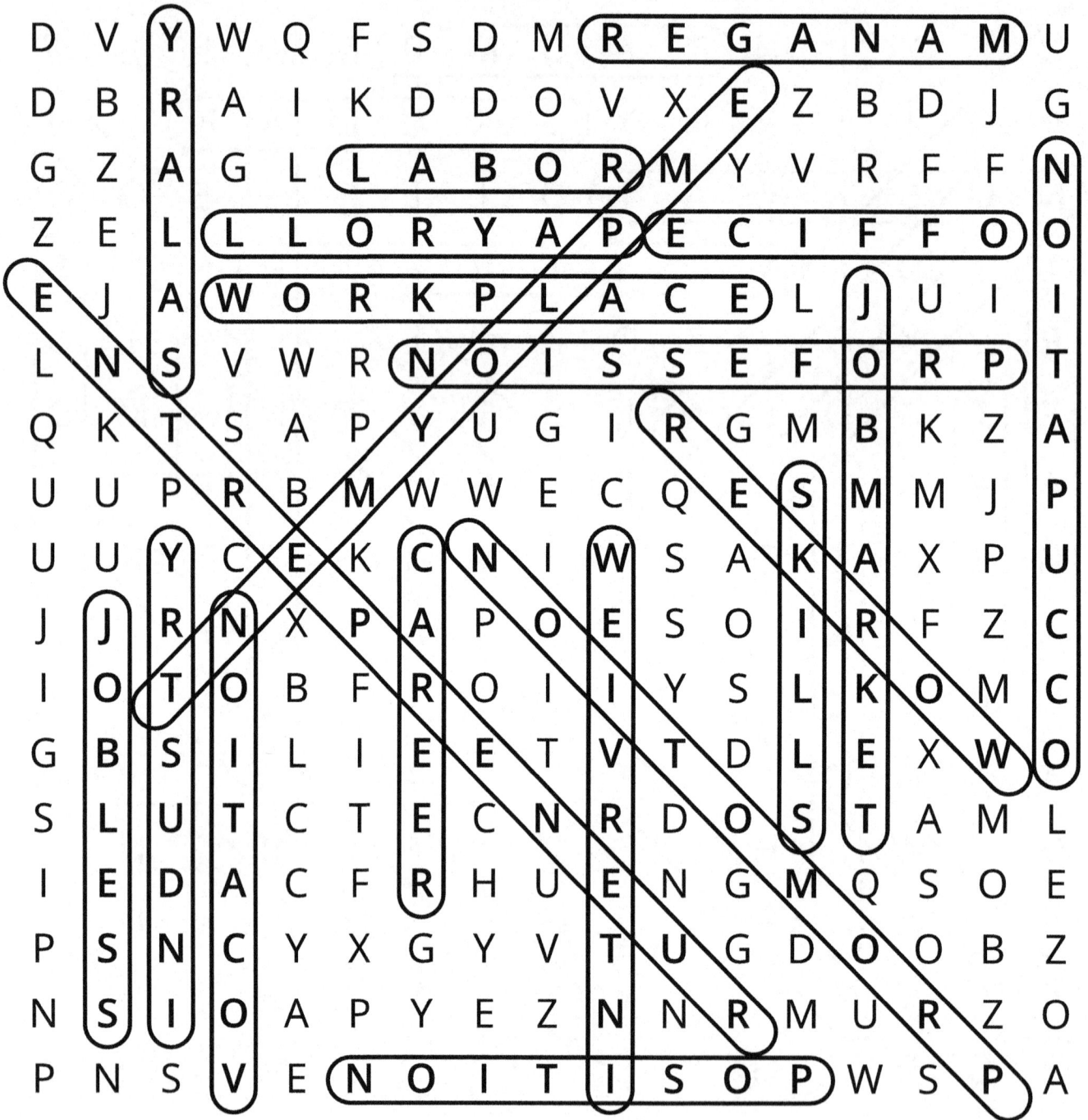

Clue 7

```
D V Y W Q F S D M R E G A N A M U
D B R A I K D D O V X E Z B D J G
G Z A G L L A B O R M Y V R F F N
Z E L L L O R Y A P E C I F F O O
E J A W O R K P L A C E L J U I I
L N S V W R N O I S S E F O R P T
Q K T S A P Y U G I R G M B K Z A
U U P R B M W W E C Q E S M M J P
U U Y C E K C N I W S A K A X P U
J J R N X P A P O E S O I R F Z C
I O T O B F R O I Y S L K O M C
G B S I L I E E T V T D L E X W O
S L U T C T E E C N R D O S T A M L
I E D A C F R H U E N G M Q S O E
P S N C Y X G Y V T U G D O O B Z
N S I O A P Y E Z N N R M U R Z O
P N S V E N O I T I S O P W S P A
```

Labor	Career	Worker
Salary	Skills	Office
Manager	Jobless	Payroll
Industry	Position	Vocation
Interview	Workplace	Promotion
Occupation	Employment	Profession
Job market	Entrepreneur	

Clue 8

```
P S O R T G K Y Y M L Z M H W A B H
P O B R V N T N K X X U A G M S M L
A N N T E M P E R A T U R E E Y E O
Y D U O L C M V F P O A W D I W C D
F D S C I M T Y G J M B Q H S R A A
I T T P Z T K J D P Q D Y C C C R N
T D O N O S A E S N E Q G P Z O E R
G S R G N I N T H G I L O T R Q T O
U N U M A M M S D I A R W L H C T T
G N Y H Z A R J Y P N S O U P H M M
B N D Y C Z A T Y O I G R N M M R X
C Y G E N V I J I K L J C D A L A X
D O R I U D N L C H N Y E E T I B T
R O C G I T Y R B C W Q T R A A V B
F E C M U W C L I M A T E E P H Y D
O O U A O K O K F E B J M I L T B Q
U H G N V N M L G Q Z W H V K X D R
Y N S R A U M Q R K P E Q R A V Q D
```

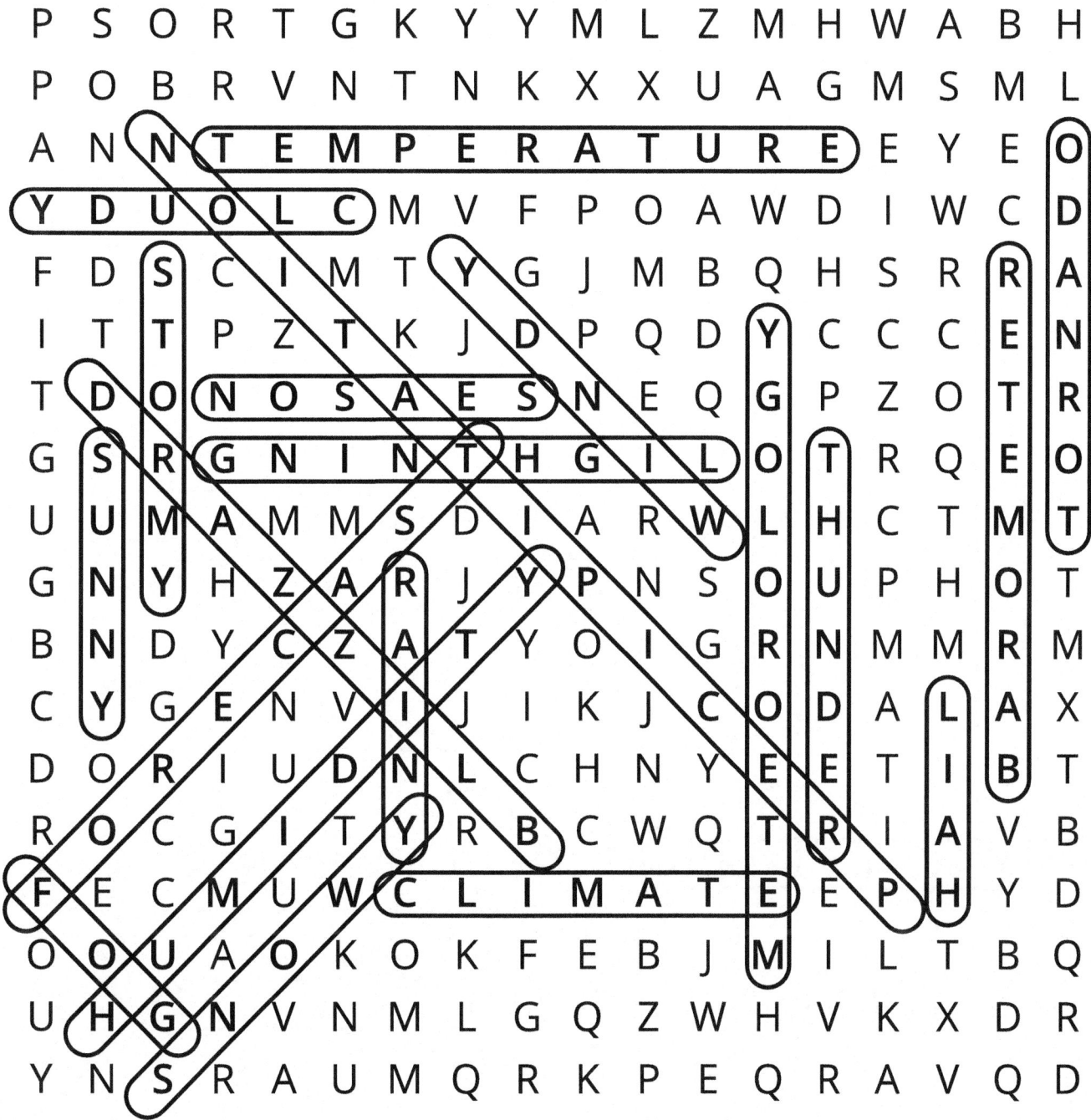

Fog
Rainy
Cloudy
Climate
Forecast
Lightning
Meteorology

Hail
Windy
Stormy
Thunder
Humidity
Barometer
Precipitation

Sunny
Snowy
Season
Tornado
Blizzard
Temperature

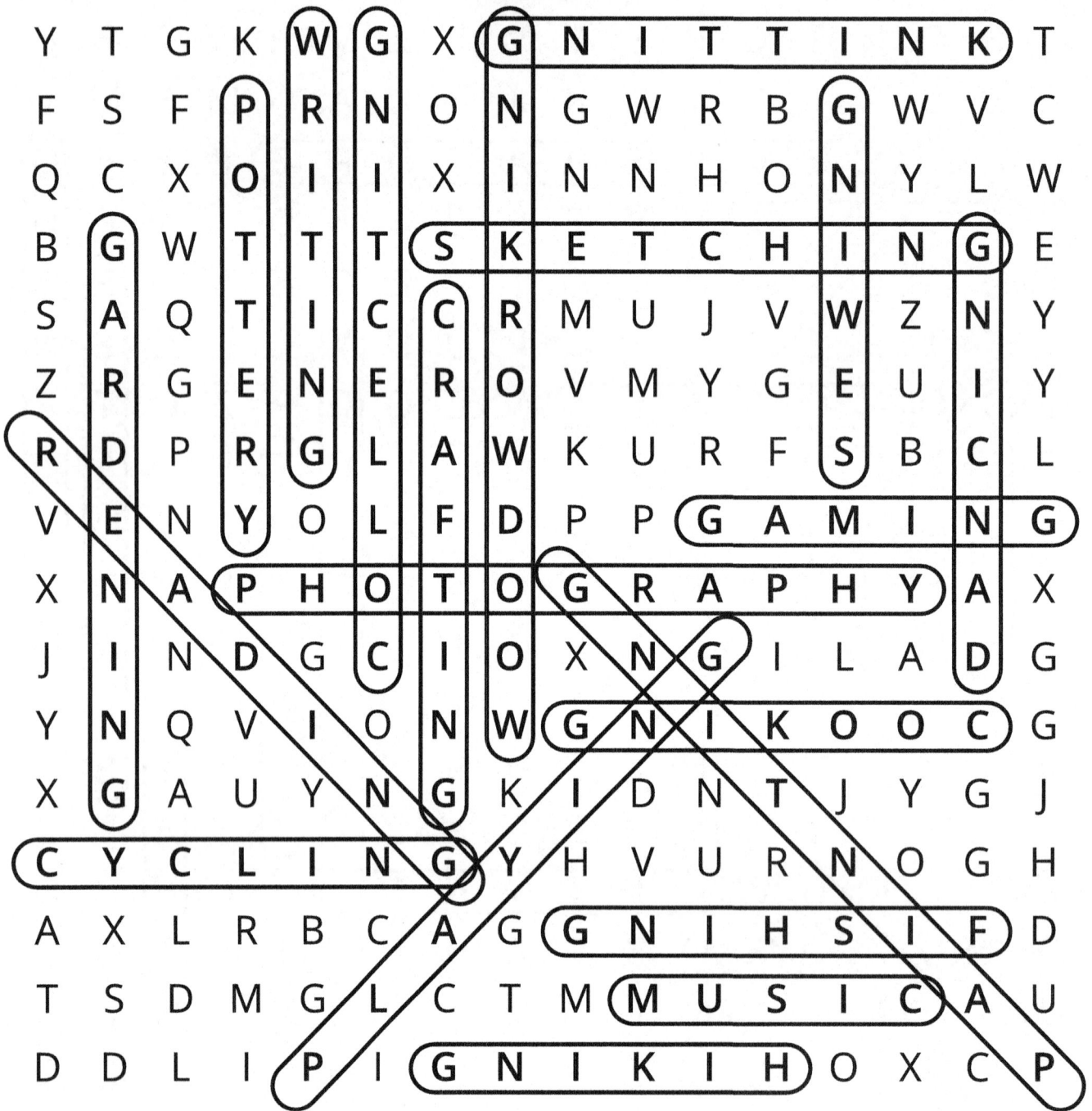

Clue 9

```
Y  T  G  K  W  G  X  G  N  I  T  T  I  N  K  T
F  S  F  P  R  N  O  N  G  W  R  B  G  W  V  C
Q  C  X  O  I  I  X  I  N  N  H  O  N  Y  L  W
B  G  W  T  T  T  S  K  E  T  C  H  I  N  G  E
S  A  Q  T  I  C  R  M  U  J  V  W  Z  N  Y
Z  R  G  E  N  R  O  V  M  Y  G  E  U  I  Y
R  D  P  R  C  R  W  K  U  R  F  S  B  C  L
V  E  N  Y  O  L  F  D  P  P  G  A  M  I  N  G
X  N  A  P  H  O  T  O  G  R  A  P  H  Y  A  X
J  I  N  D  G  C  I  O  X  N  G  I  L  A  D  G
Y  N  Q  V  I  O  N  W  G  N  I  K  O  O  C  G
X  G  A  U  Y  N  G  K  I  D  N  T  J  Y  G  J
C  Y  C  L  I  N  G  Y  H  V  U  R  N  O  G  H
A  X  L  R  B  C  A  G  G  N  I  H  S  I  F  D
T  S  D  M  G  L  C  T  M  M  U  S  I  C  A  U
D  D  L  I  P  I  G  N  I  K  I  H  O  X  C  P
```

Music	Hiking	Sewing
Gaming	Cooking	Reading
Fishing	Dancing	Playing
Cycling	Writing	Pottery
Painting	Knitting	Crafting
Gardening	Sketching	Collecting
Photography	Woodworking	

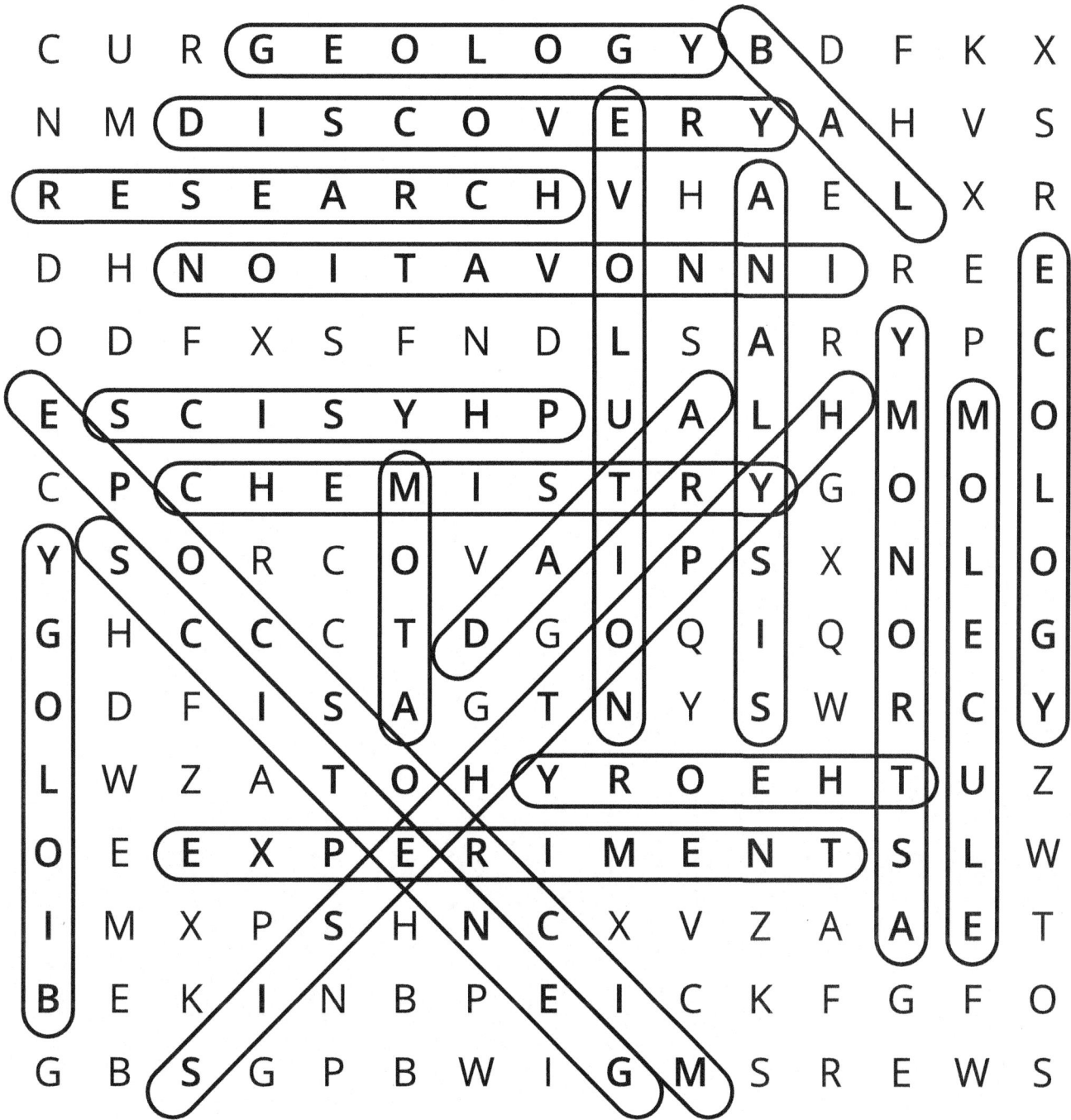

Clue 10

```
C U R  G E O L O G Y  B  D F K X
N M  D I S C O V E R Y  A  H V S
R E S E A R C H  V H A E L X R
D H  N O I T A V O N N I  R E E
O D F X S F N D L S A R Y P C
E  S C I S Y H P  U A L H M M O
C P  C H E M I S T R Y  G O O L
Y S O R C O V A I P S X N L O
G H C C C T D G O Q I Q O E G
O D F I S A G T N Y S W R C Y
L W Z A T O H Y R O E H T U Z
O E  E X P E R I M E N T  S L W
I M X P S H N C X V Z A A E T
B E K I N B P E I C K F G F O
G B S G P B W I G M S R E W S
```

Lab

Theory

Ecology

Research

Chemistry

Discovery

Microscope

Atom

Biology

Geology

Genetics

Astronomy

Experiment

Innovation

Data

Physics

Molecule

Analysis

Evolution

Hypothesis

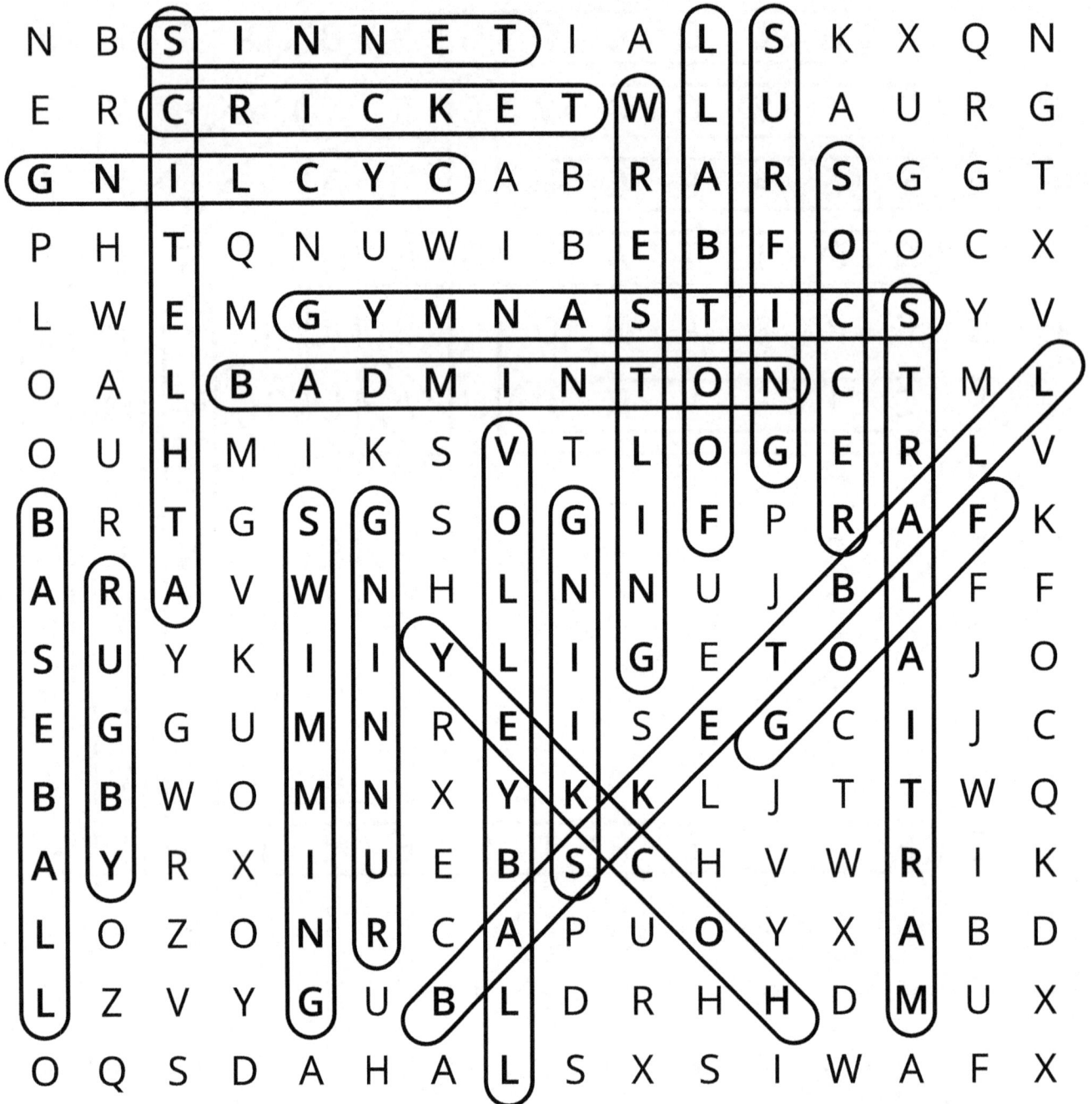

Clue 11

```
N  B  S  I  N  N  E  T  I  A  L  S  K  X  Q  N
E  R  C  R  I  C  K  E  T  W  L  U  A  U  R  G
G  N  I  L  C  Y  C  A  B  R  A  R  S  G  G  T
P  H  T  Q  N  U  W  I  B  E  B  F  O  O  C  X
L  W  E  M  G  Y  M  N  A  S  T  I  C  S  Y  V
O  A  L  B  A  D  M  I  N  T  O  N  C  T  M  L
O  U  H  M  I  K  S  V  T  L  O  G  E  R  L  V
B  R  T  G  S  G  S  O  G  I  F  P  R  A  F  K
A  U  A  V  W  N  H  L  N  N  U  J  B  L  F  F
S  G  Y  K  I  I  Y  L  I  G  E  T  O  A  J  O
E  G  G  U  M  N  R  E  I  S  E  G  C  I  J  C
B  B  W  O  M  N  X  Y  K  K  L  J  T  T  W  Q
A  Y  R  X  I  U  E  B  S  C  H  V  W  R  I  K
L  O  Z  O  N  R  C  A  P  U  O  Y  X  A  B  D
L  Z  V  Y  G  U  B  L  D  R  H  H  D  M  U  X
O  Q  S  D  A  H  A  L  S  X  S  I  W  A  F  X
```

Golf	Rugby	Soccer
Tennis	Hockey	Skiing
Running	Cycling	Surfing
Cricket	Baseball	Swimming
Football	Athletics	Wrestling
Badminton	Basketball	Volleyball
Gymnastics	Martial arts	

Clue 12

```
I D R P G N I F F U T S A X O E
Z C R A N B E R R Y X J S R I F
C J X T U O S G M I F N M S U J
E O C H Q X I B L E S S I N G M
L T R A Q O R T A N H S R B P R
E S Q N P B S I D A E G U G F
B E D K U E T T G D V T L N E A
R V W F M C J Y R Y A D I L O H
A R U P N O Q A D M R P V N B
T A M L K A O P T I E W T O E B
I H P V I N D U B I H Y S V C T X
O U C H N N C U T A D E R L U P
N O I A T U U A U E M D P C R S
V V U F Q B G P D B I A C B K B
W D D G N A E P E C A N P I E T
Y L I M A F U R T G L K F K Y P
```

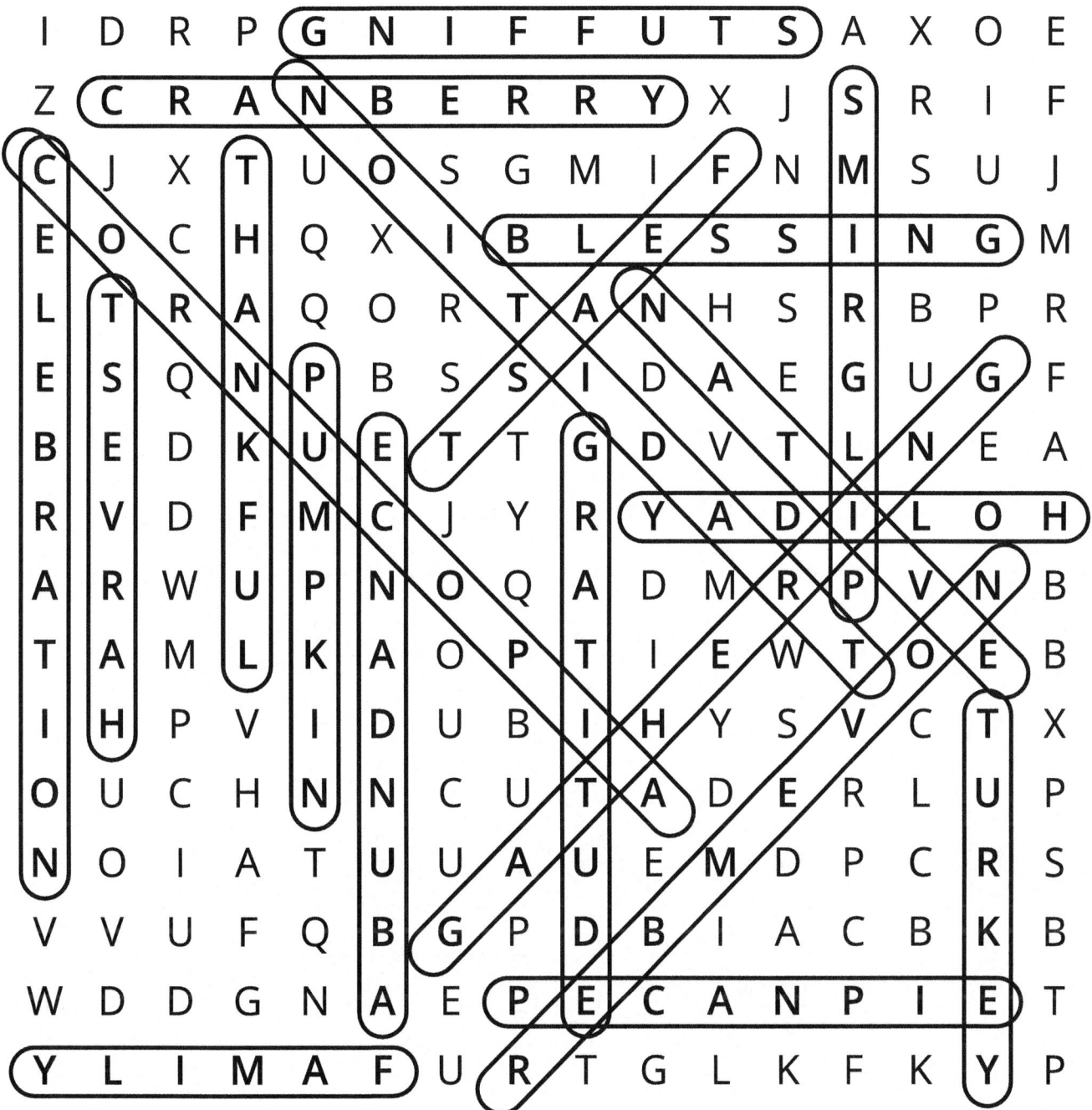

Feast
Native
Holiday
November
Gratitude
Abundance
Cornucopia

Family
Harvest
Pilgrims
Thankful
Cranberry
Gathering
Celebration

Turkey
Pumpkin
Blessing
Stuffing
Tradition
Pecan pie

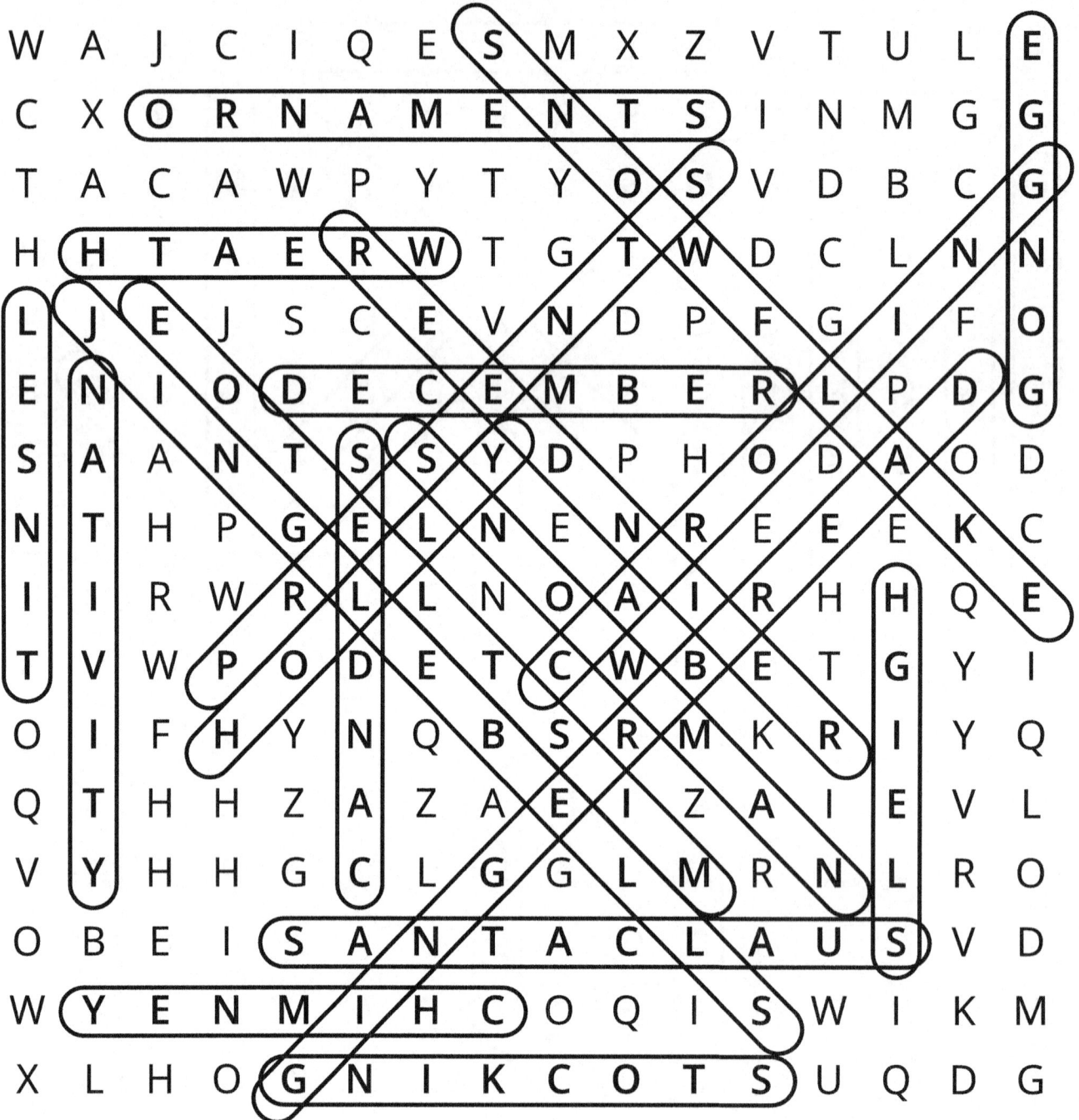

Clue 13

```
W  A  J  C  I  Q  E  S  M  X  Z  V  T  U  L  E
C  X  O  R  N  A  M  E  N  T  S  I  N  M  G  G
T  A  C  A  W  P  Y  T  Y  O  S  V  D  B  C  G
H  H  T  A  E  R  W  T  G  T  W  D  C  L  N  N
L  J  E  J  S  C  E  V  N  D  P  F  G  I  F  O
E  N  I  O  D  E  C  E  M  B  E  R  L  P  D  G
S  A  A  N  T  S  S  Y  D  P  H  O  D  A  O  D
N  T  H  P  G  E  L  N  E  N  R  E  E  K  C
I  I  R  W  R  L  L  N  O  A  I  R  H  H  Q  E
T  V  W  P  O  D  E  T  C  W  B  E  T  G  Y  I
O  I  F  H  Y  N  Q  B  S  R  M  K  R  I  Y  Q
Q  T  H  H  Z  A  Z  A  E  I  Z  A  I  E  V  L
V  Y  H  H  G  C  L  G  G  L  M  R  N  L  R  O
O  B  E  I  S  A  N  T  A  C  L  A  U  S  V  D
W  Y  E  N  M  I  H  C  O  Q  I  S  W  I  K  M
X  L  H  O  G  N  I  K  C  O  T  S  U  Q  D  G
```

Holly   Sleigh   Wreath
Eggnog   Tinsel   Snowman
Candles   Chimney   Presents
Reindeer   Stocking   Caroling
Nativity   December   Snowflake
Mistletoe   Ornaments   Santa Claus
Gingerbread   Jingle Bells

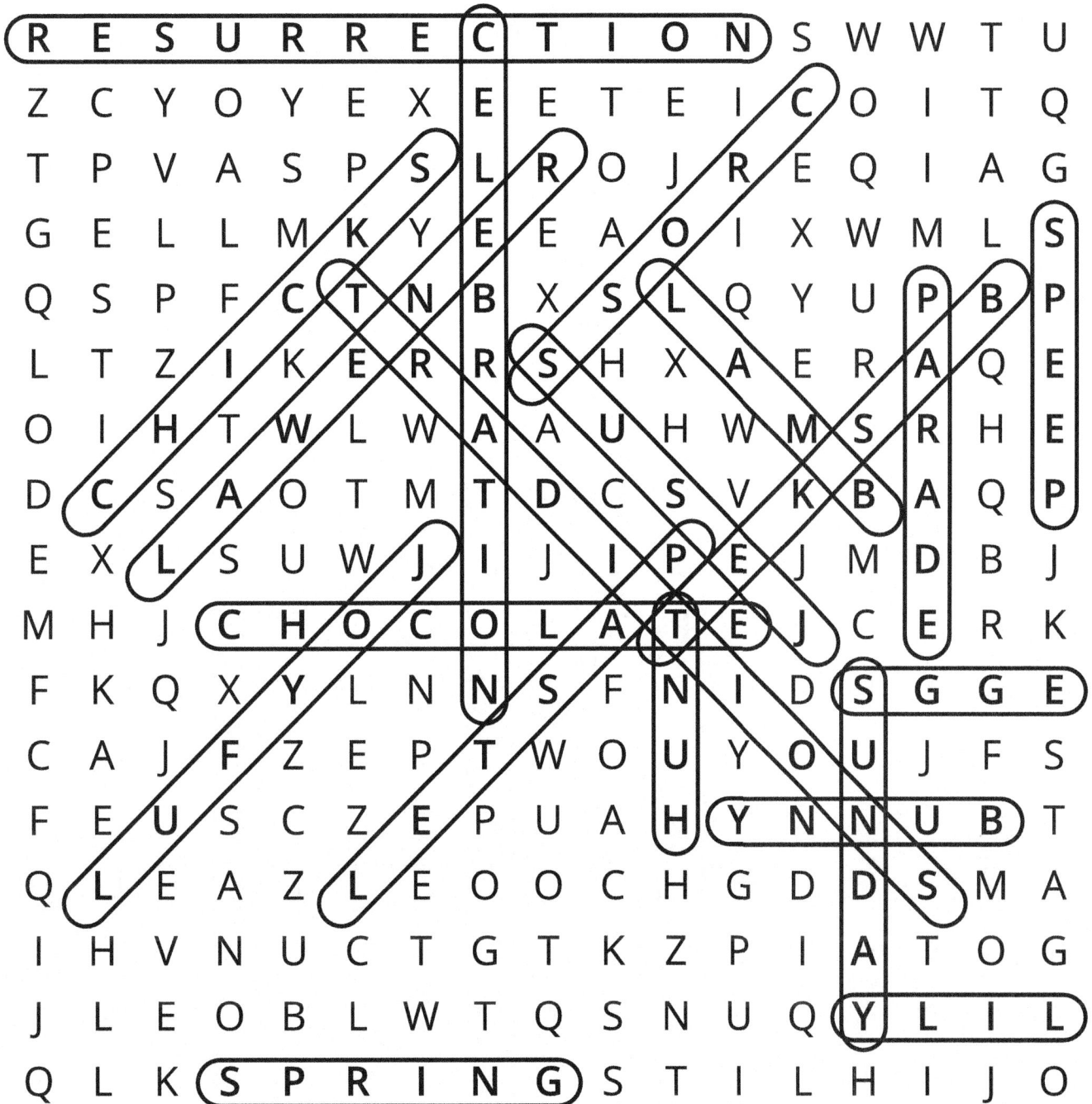

Clue 14

```
R E S U R R E C T I O N S W W T U
Z C Y O Y E X E E T E I C O I T Q
T P V A S P S L R O J R E Q I A G
G E L L M K Y E E A O I X W M L S
Q S P F C T N B X S L Q Y U P B P
L T Z I K E R R S H X A E R A Q E
O I H T W L W A A U H W M S R H E
D C S A O T M T D C S V K B A Q P
E X L S U W J I J I P E J M D B J
M H J C H O C O L A T E J C E R K
F K Q X Y L N N S F N I D S G G E
C A J F Z E P T W O U Y O U J F S
F E U S C Z E P U A H Y N N U B T
Q L E A Z L E O O C H G D D S M A
I H V N U C T G T K Z P I A T O G
J L E O B L W T Q S N U Q Y L I L
Q L K S P R I N G S T I L H I J O
```

Eggs	Hunt	Lily
Lamb	Bunny	Jesus
Cross	Peeps	Spring
Basket	Sunday	Chicks
Pastel	Parade	Joyful
Renewal	Chocolate	Traditions
Celebration	Resurrection	

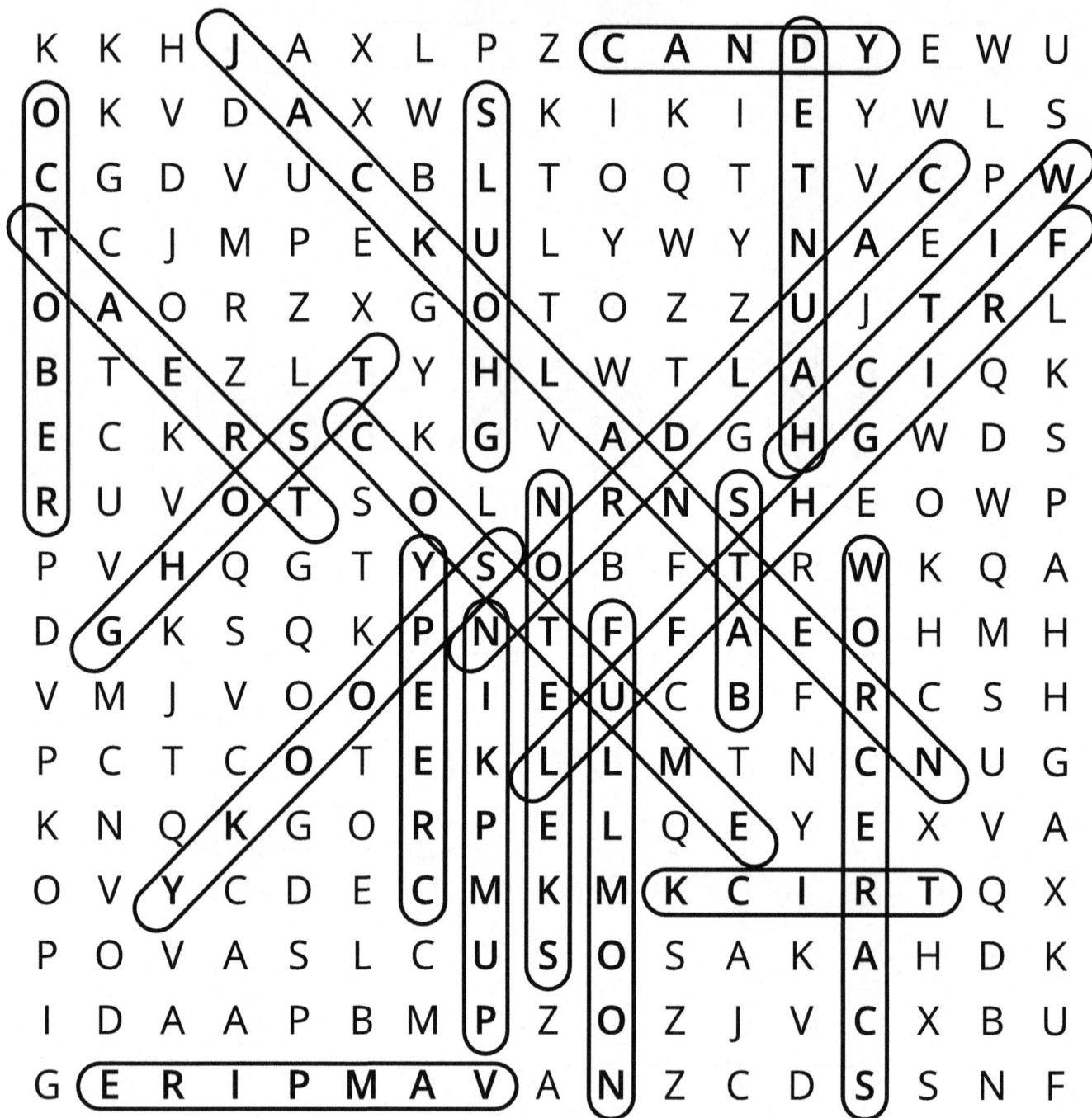

Clue 15

```
K K H J A X L P Z C A N D Y E W U
O K V D A X W S K I K I E Y W L S
C G D V U C B L T O Q T T V C P W
T C J M P E K U L Y W Y N A E I F
O A O R Z X G O T O Z Z U J T R L
B T E Z L T Y H L W T L A C I Q K
E C K R S C K G V A D G H G W D S
R U V O T S O L N R N S H E O W P
P V H Q G T Y S O B F T R W K Q A
D G K S Q K P N T F F A E O H M H
V M J V O O E I E U C B F R C S H
P C T C O T E K L L M T N C N U G
K N Q K G O R P E L Q E Y E X V A
O V Y C D E C M K M K C I R T Q X A
P O V A S L C U S O S A K A H D K
I D A A P B M P Z O Z J V C X B U
G E R I P M A V A N Z C D S S N F
```

Bats	Ghost	Candy
Witch	Trick	Treat
Spooky	Ghouls	Creepy
Pumpkin	Costume	Haunted
October	Vampire	Skeleton
Cauldron	Scarecrow	Full moon
Frightful	Jackolantern	

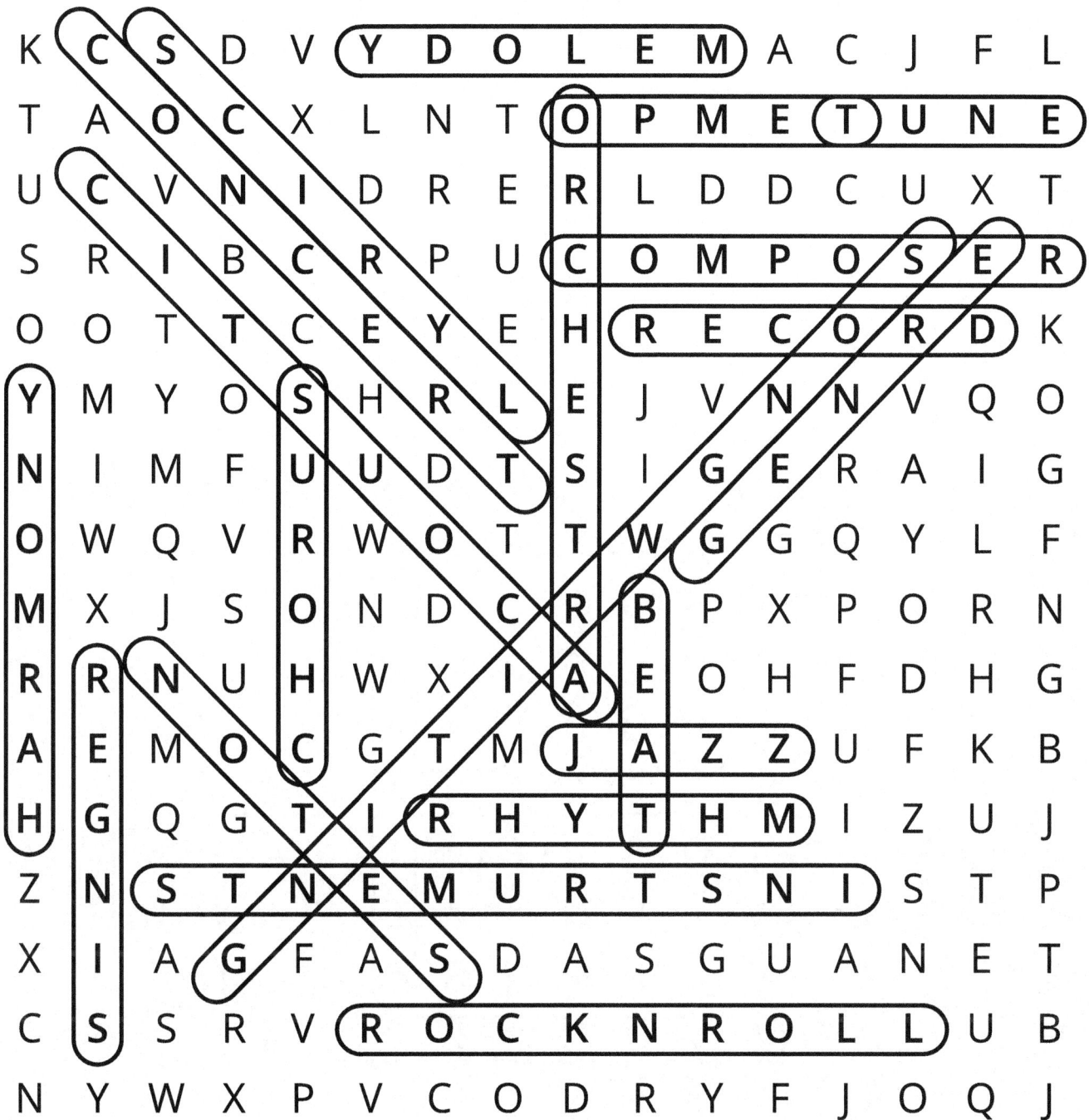

Clue 16

```
K C S D V Y D O L E M A C J F L
T A O C X L N T O P M E T U N E
U C V N I D R E R L D D C U X T
S R I B C R P U C O M P O S E R
O O T T C E Y E H R E C O R D K
Y M Y O S H R L E J V N N V Q O
N I M F U U D S I G E R A I G
O W Q V R W O T T W G G Q Y L F
M X J S O N D C R B P X P O R N
R R N U H W X I A E O H F D H G
A E M O C G T M J A Z Z U F K B
H G Q G T I R H Y T H M I Z U J
Z N S T N E M U R T S N I S T P
X I A G F A S D A S G U A N E T
C S S R V R O C K N R O L L U B
N Y W X P V C O D R Y F J O Q J
```

Tune	Beat	Jazz
Notes	Tempo	Genre
Melody	Rhythm	Singer
Chorus	Lyrics	Record
Harmony	Concert	Composer
Acoustic	Orchestra	Rocknroll
Instruments	Songwriting	

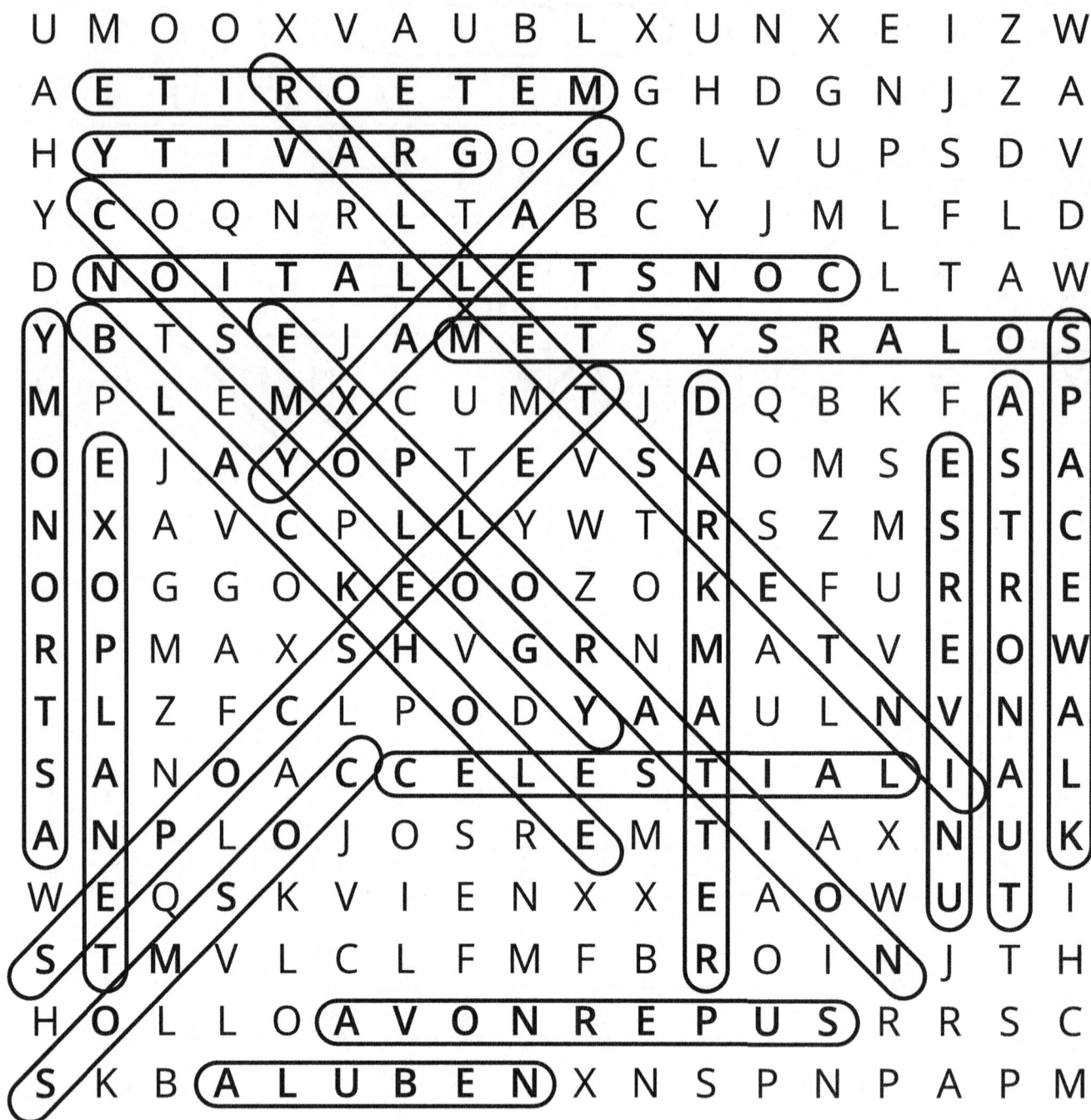

Clue 17

```
U M O O X V A U B L X U N X E I Z W
A E T I R O E T E M G H D G N J Z A
H Y T I V A R G O G C L V U P S D V
Y C O Q N R L T A B C Y J M L F L D
D N O I T A L L E T S N O C L T A W
Y B T S E J A M E T S Y S R A L O S
M P L E M X C U M T J D Q B K F A P
O E J A Y O P T E V S A O M S E S A
N X A V C P L L Y W T R S Z M E T C
O O G G O K E O O Z O K E F U S R E
R P M A X S H V G R N M A T V E O W
T L Z F C L P O D Y A A U L N V N A
S A N O A C C E L E S T I A L I A L
A N P L O J O S R E M T I A X N U K
W E Q S K V I E N X X E A O W U T I
S T M V L C L F M F B R O I N J T H
H O L L O A V O N R E P U S R R S C
S K B A L U B E N X N S P N P A P M
```

Nebula

Galaxy

Cosmos

Gravity

Universe

Astronomy

Celestial

Exoplanet

Astronaut

Supernova

Meteorite

Spacewalk

Cosmology

Black Hole

Telescopes

Exploration

Dark Matter

Interstellar

Solar System

Constellation

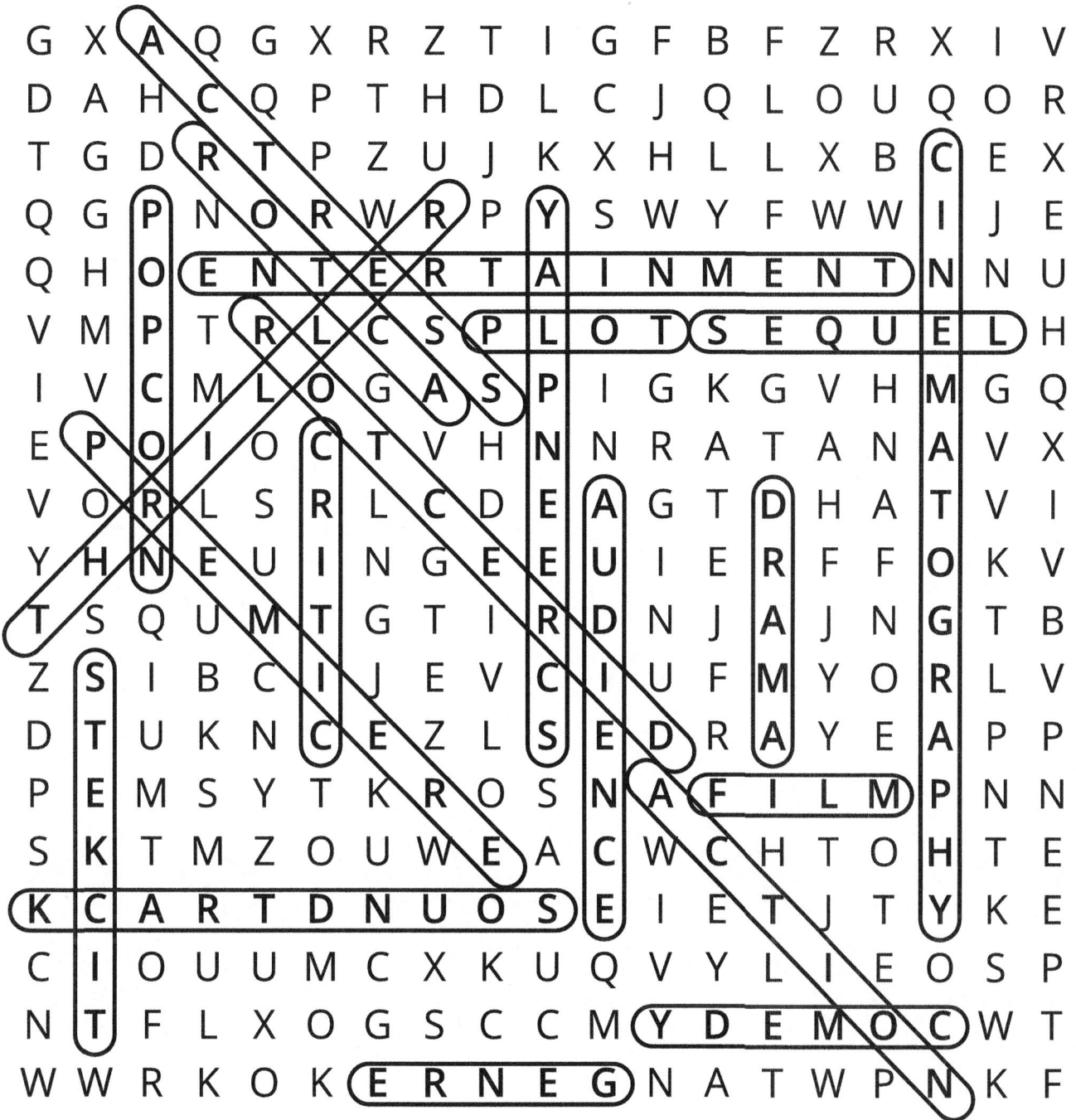

Clue 18

```
G X A Q G X R Z T I G F B F Z R X I V
D A H C Q P T H D L C J Q L O U Q O R
T G D R T P Z U J K X H L L X B C E X
Q G P N O R W R P Y S W Y F W W I J E
Q H O E N T E R T A I N M E N T N N U
V M P T R L C S P L O T S E Q U E L H
I V C M L O G A S P I G K G V H M G Q
E P O I O C T V H N N R A T A N A V X
V O R L S R L C D E A G T D H A T V I
Y H N E U I N G E E U I E R F F O K V
T S Q U M T G T I R D N J A J N G T B
Z S I B C I J E V C I U F M Y O R L V
D T U K N C E Z L S E D R A Y E A P P
P E M S Y T K R O S N A F I L M P N N
S K T M Z O U W E A C W C H T O H T E
K C A R T D N U O S E I E T J T Y K E
C I O U U M C X K U Q V Y L I E O S P
N T F L X O G S C C M Y D E M O C W T
W W R K O K E R N E G N A T W P N K F
```

Film	Plot	Actor
Drama	Genre	Comedy
Action	Sequel	Critic
Popcorn	Actress	Tickets
Director	Thriller	Audience
Premiere	Screenplay	Soundtrack
Entertainment	Cinematography	

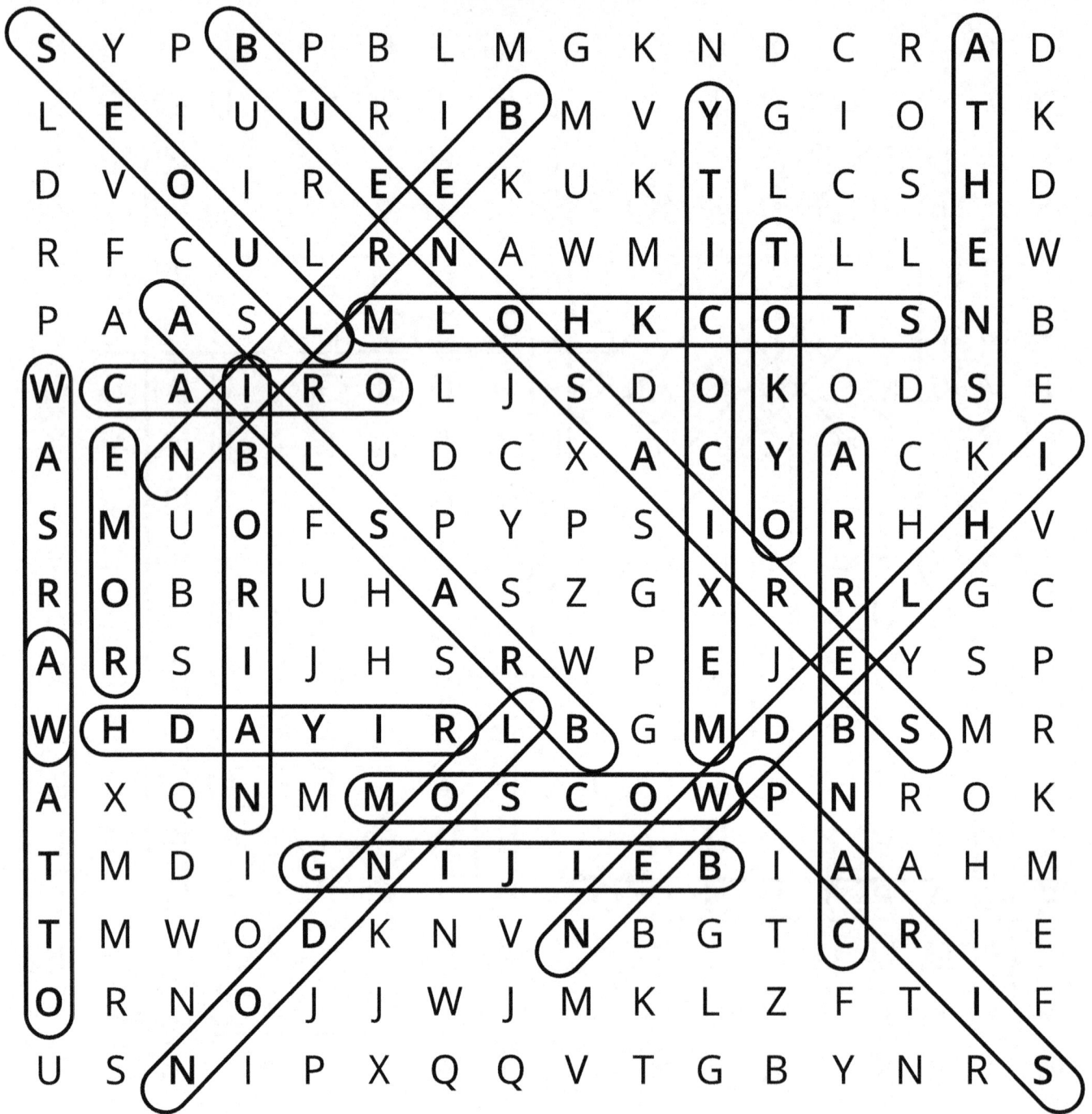

Clue 19

```
S Y P B P B L M G K N D C R A D
L E I U U R I B M V Y G I O T K
D V O I R E E K U K T L C S H D
R F C U L R N A W M I T L L E W
P A A S L M L O H K C O T S N B
W C A I R O L J S D O K O D S E
A E N B L U D C X A C Y A C K I
S M U O F S P Y P S I O R H H V
R O B R U H A S Z G X R R L G C
A R S I J H S R W P E J E Y S P
W H D A Y I R L B G M D B S M R
A X Q N M M O S C O W P N R O K
T M D I G N I J I E B I A A H M
T M W O D K N V N B G T C R I E
O R N O J J W J M K L Z F T I F
U S N I P X Q Q V T G B Y N R S
```

Rome   Paris   Tokyo

Cairo   Seoul   London

Moscow   Berlin   Ottawa

Riyadh   Athens   Warsaw

Beijing   Braslia   Nairobi

Canberra   New Delhi   Stockholm

Mexico City   Buenos Aires

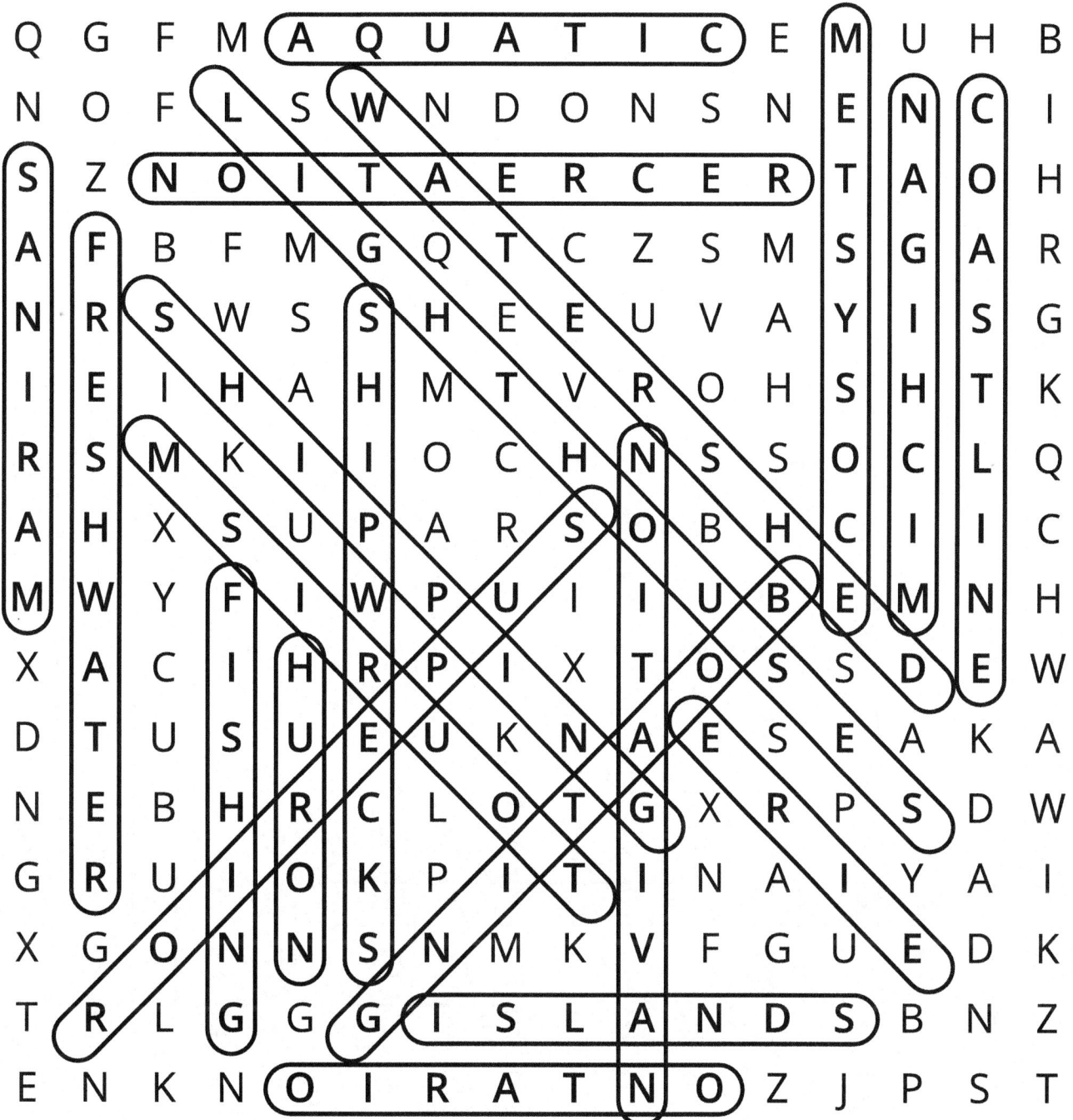

Clue 20

```
Q  G  F  M  A  Q  U  A  T  I  C  E  M  U  H  B
N  O  F  L  S  W  N  D  O  N  S  N  E  N  C  I
S  Z  N  O  I  T  A  E  R  C  E  R  T  A  O  H
A  N  F  B  F  M  G  Q  T  C  Z  S  M  S  G  A  R
N  S  R  S  W  S  H  E  E  U  V  A  Y  I  S  T  G
I  R  E  I  H  A  H  M  T  V  R  O  H  S  C  L  K
R  A  S  M  K  I  I  O  C  H  N  S  S  O  C  I  Q
A  M  H  X  S  U  P  A  R  S  O  B  H  C  I  N  H
M  W  X  Y  F  I  W  P  U  I  I  U  B  E  M  N  H
X  A  C  I  H  R  P  I  X  T  O  S  S  D  E  W
D  T  U  S  U  E  U  K  N  A  E  S  E  A  K  A
N  E  B  H  R  C  L  O  T  G  X  R  P  S  D  W
G  R  U  I  O  K  P  I  T  I  N  A  I  Y  A  I
X  G  O  N  S  N  M  K  V  F  G  U  E  D  K
T  R  L  G  G  I  S  L  A  N  D  S  B  N  Z
E  N  K  N  O  I  R  A  T  N  O  Z  J  P  S  T
```

Erie	Huron	Ontario
Fishing	Boating	Islands
Tourism	Aquatic	Marinas
Superior	Michigan	Shipping
Coastline	Watershed	Ecosystem
Freshwater	Navigation	Shipwrecks
Recreation	Lighthouses	

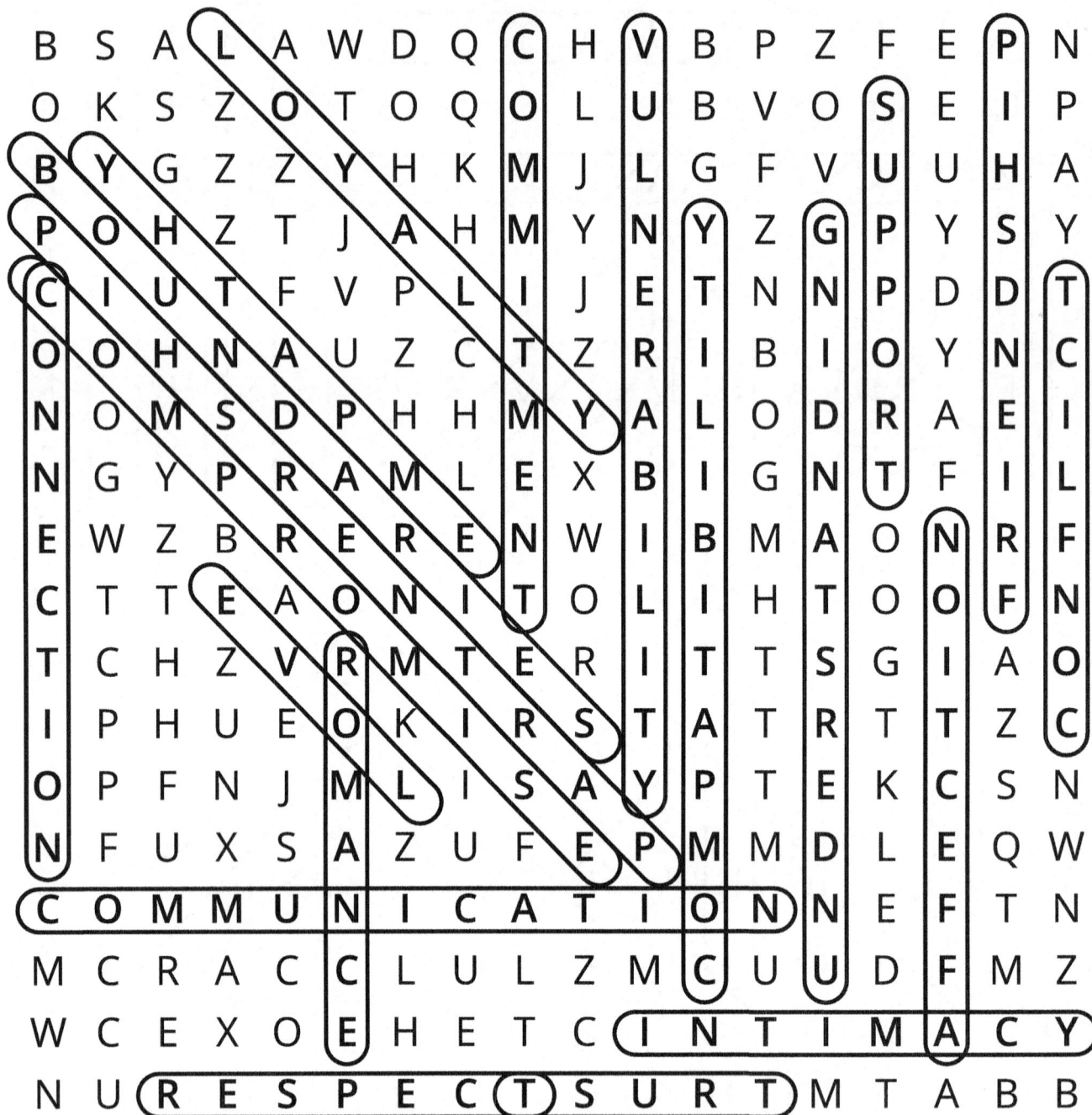

Clue 21

```
B S A L A W D Q C H V B P Z F E P N
O K S Z O T O Q O L U B V O S E U P A
B Y G Z Z Y H K M J L G F V U U Y H A Y
P O H Z T J A H M Y N E Z F V P P Y S D N
C I U T F V P L I J E R A Y Z N G P O D N E
O O H N A U Z C T Z R A T I B I O R A F T
N O M S D P H H M Y A L I G N D A O F I
G Y P R A M L E X B I G N A T O N L
E W Z B R E R E N W I B M A T O G O N F
C T T E A O N I T O L I T T S G I T O C
T C H Z V R M T E R I T A T R T I A Z N
I P H U E O K I R S T A T R E T C S N
O P F N J M L I S A Y P T E K E E Q W
N F U X S A Z U F E P M M D L F N
C O M M U N I C A T I O N N E F T N
M C R A C C L U L Z M C U U D F M Z
W C E X O E H E T C I N T I M A C Y
N U R E S P E C T S U R T M T A B B
```

Love
Respect
Romance
Affection
Compromise
Partnership
Vulnerability

Trust
Loyalty
Intimacy
Commitment
Boundaries
Communication
Understanding

Empathy
Support
Conflict
Connection
Friendship
Compatibility

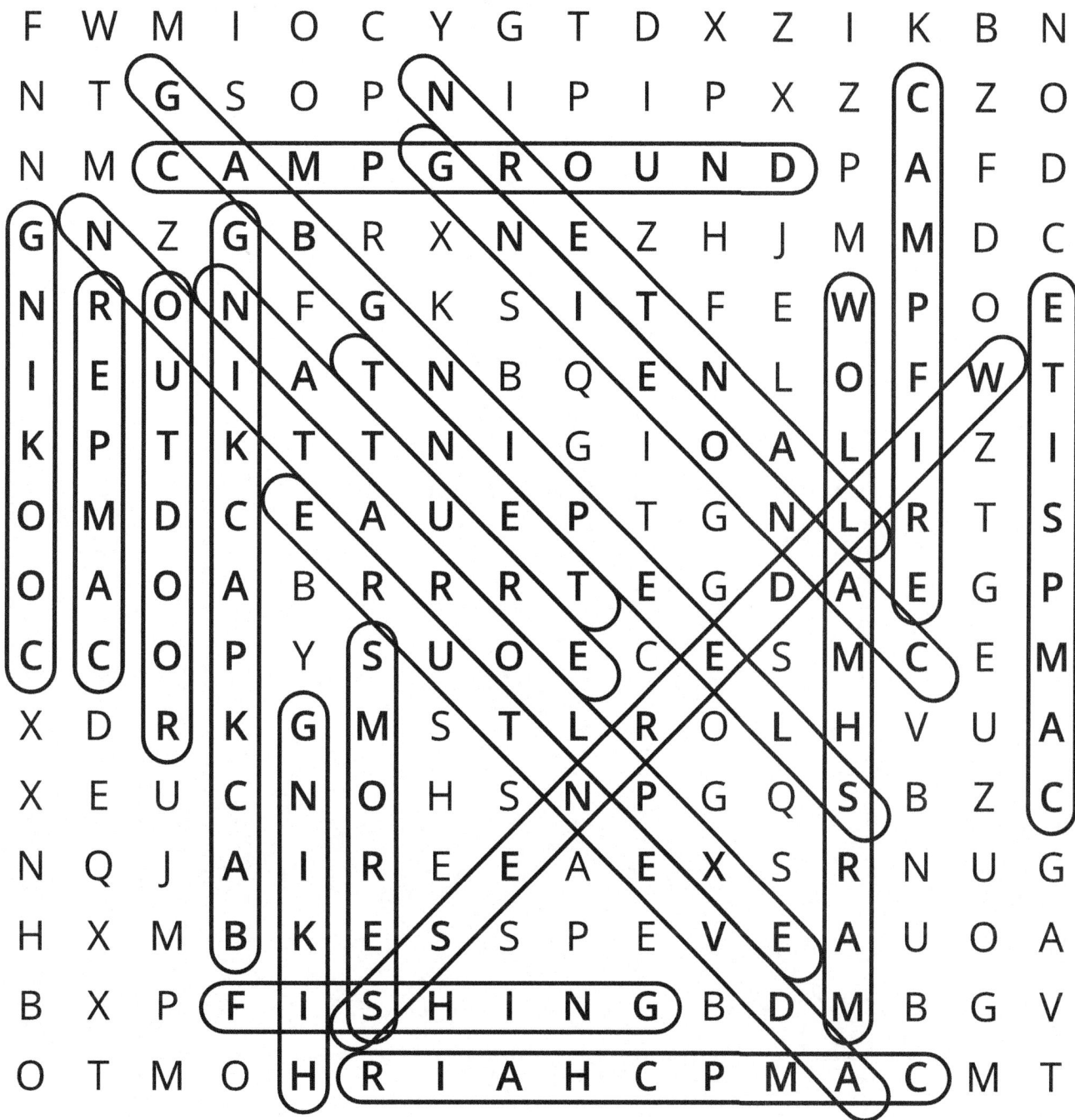

Clue 22

```
F  W  M  I  O  C  Y  G  T  D  X  Z  I  K  B  N
N  T  G  S  O  P  N  I  P  I  P  X  Z  C  Z  O
N  M  C  A  M  P  G  R  O  U  N  D  P  A  F  D
G  N  Z  G  B  R  X  N  E  Z  H  J  M  M  D  C
N  R  O  N  F  G  K  S  I  T  F  E  W  P  O  E
I  E  U  I  A  T  N  B  Q  E  N  L  O  F  W  T
K  P  T  K  T  T  N  I  G  I  O  A  L  I  Z  I
O  M  D  C  E  A  U  E  P  T  G  N  L  R  T  S
O  A  D  A  B  R  R  R  T  E  G  D  A  E  G  P
C  C  O  P  B  Y  S  U  O  E  C  E  S  M  C  M
X  D  R  K  G  M  S  T  L  R  O  L  H  V  U  A
X  E  U  C  N  O  H  S  N  P  G  Q  S  B  Z  C
N  Q  J  A  I  R  E  E  A  E  X  S  R  N  U  G
H  X  M  B  K  E  S  S  P  E  V  E  A  U  O  A
B  X  P  F  I  S  H  I  N  G  B  D  M  B  G  V
O  T  M  O  H  R  I  A  H  C  P  M  A  C  M  T
```

Tent	Hiking	Nature
Smores	Camper	Cooking
Lantern	Outdoor	Fishing
Campfire	Campsite	Canoeing
Adventure	Wilderness	Campground
Camp chair	Backpacking	Marshmallow
Exploration	Sleeping bag	

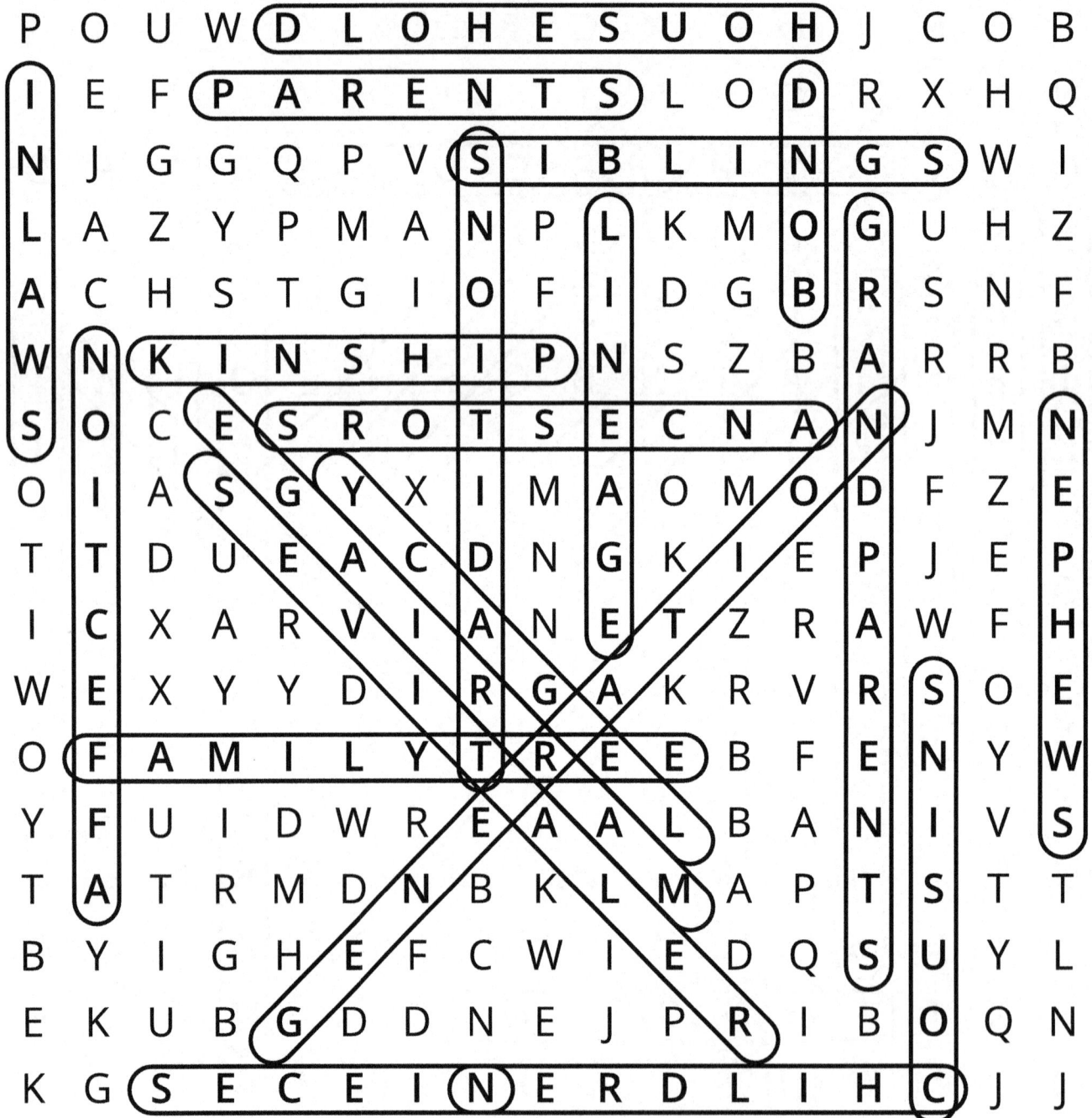

Clue 23

```
P  O  U  W  D  L  O  H  E  S  U  O  H  J  C  O  B
I  E  F  P  A  R  E  N  T  S  L  O  D  R  X  H  Q
N  J  G  G  Q  P  V  S  I  B  L  I  N  G  S  W  I
L  A  Z  Y  P  M  A  N  P  L  K  M  O  G  U  H  Z
A  C  H  S  T  G  I  O  F  I  D  G  B  R  S  N  F
W  N  K  I  N  S  H  I  P  N  S  Z  B  A  R  R  B
S  O  C  E  S  R  O  T  S  E  C  N  A  N  J  M  N
O  I  A  S  G  Y  X  I  M  A  O  M  O  D  F  Z  E
T  T  D  U  E  A  C  D  N  G  K  I  E  P  J  E  P
I  C  X  A  R  V  I  A  N  E  T  Z  R  A  W  F  H
W  E  X  Y  Y  D  I  R  G  A  K  R  V  R  S  O  E
O  F  A  M  I  L  Y  T  R  E  E  B  F  E  N  Y  W
Y  F  U  I  D  W  R  E  A  L  B  A  N  I  V  V  S
T  A  T  R  M  D  N  B  K  L  M  A  P  T  S  T  T
B  Y  I  G  H  E  F  C  W  I  E  D  Q  S  U  Y  L
E  K  U  B  G  D  D  N  E  J  P  R  I  B  O  Q  N
K  G  S  E  C  E  I  N  E  R  D  L  I  H  C  J  J
```

Bond	Inlaws	Nieces
Legacy	Parents	Cousins
Kinship	Nephews	Lineage
Siblings	Children	Marriage
Relatives	Ancestors	Household
Affection	Generation	Traditions
Family tree	Grandparents	

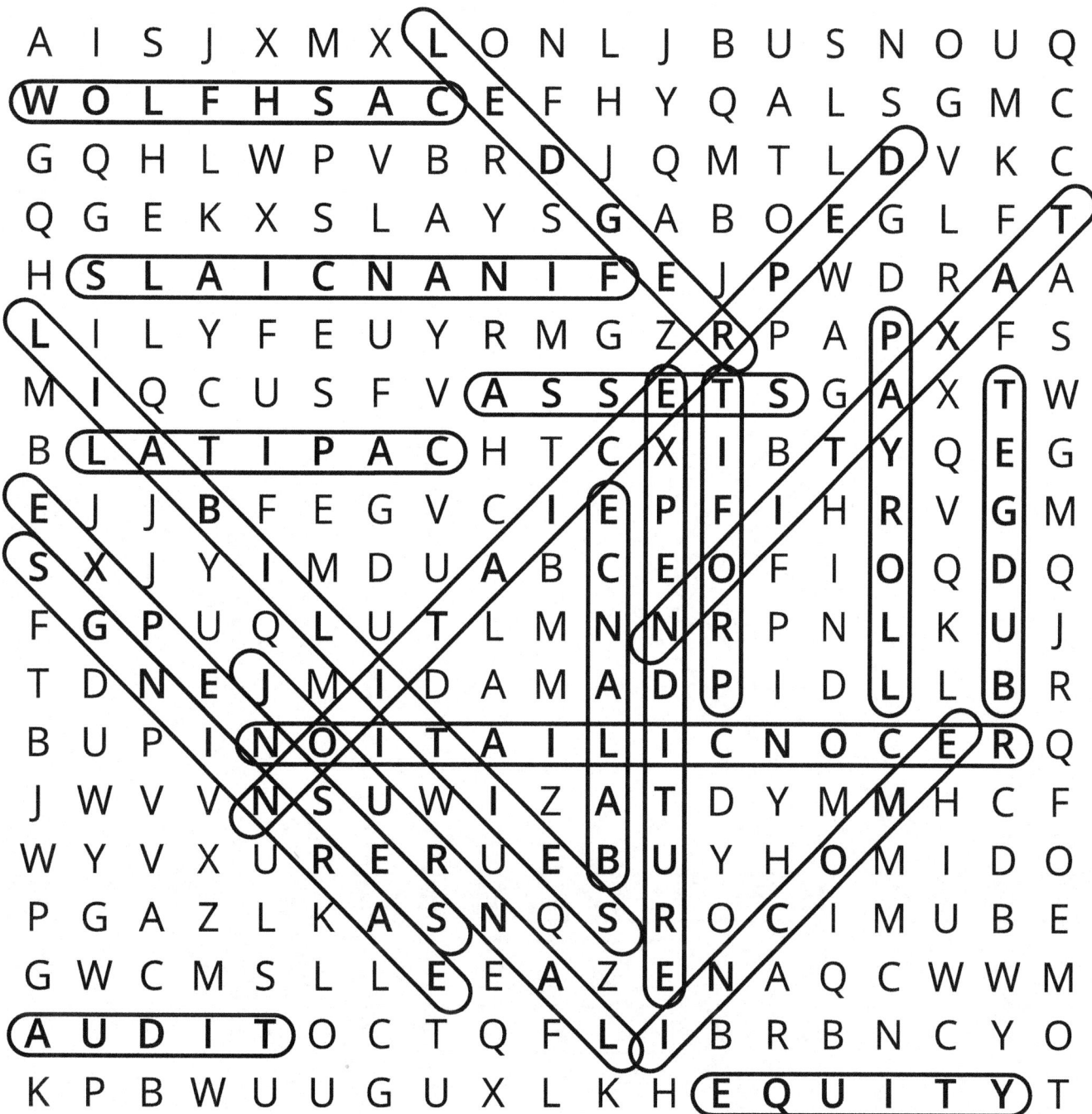

Clue 24

```
A I S J X M X L O N L J B U S N O U Q
W O L F H S A C E F H Y Q A L S G M C
G Q H L W P V B R D J Q M T L D V K C
Q G E K X S L A Y S G A B O E G L F T
H S L A I C N A N I F E J P W D R A A
L I L Y F E U Y R M G Z R P A P X F S
M I Q C U S F V A S S E T S G A X T W
B L A T I P A C H T C X I B T Y Q E G
E J J B F E G V C I E P F I H R V G M
S X J Y I M D U A B C E O F I O Q D Q
F G P U Q L U T L M N R P N L K U J
T D N E J M I D A M A D P I D L L B R
B U P I N O I T A I L I C N O C E R Q
J W V N S U W I Z A T D Y M M H C F
W Y V X U R E R U E B U Y H O M I D O
P G A Z L K A S N Q S R O C I M U B E
G W C M S L L E E A Z E N A Q C W W M
A U D I T O C T Q F L I B R B N C Y O
K P B W U U G U X L K H E Q U I T Y T
```

Audit   Ledger   Assets

Income   Profit   Budget

Equity   Balance   Journal

Capital   Payroll   Expenses

Taxation   Cashflow   Earnings

Financials   Liabilities   Expenditure

Depreciation   Reconciliation

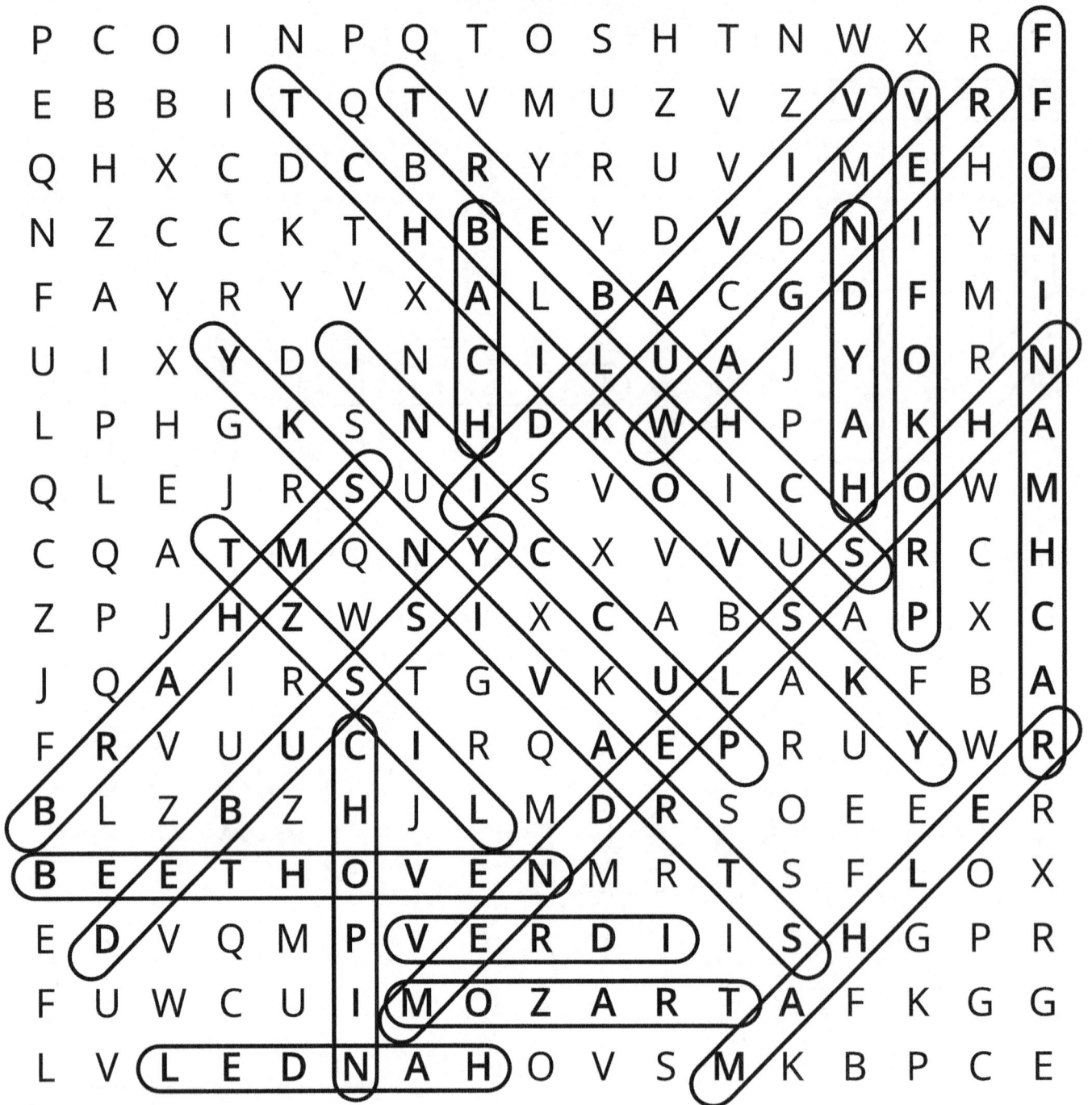

Clue 25

```
P C O I N P Q T O S H T N W X R F
E B B I T Q T V M U Z V Z V V R F O
Q H X C D C B R Y R U V I M E H O N
N Z C C K T H B E Y D V D N I Y N I
F A Y R Y V X A L B A C G D F M N I
U I X Y D I N C I L U A J Y O R N A
L P H G K S N H D K W H P A K H A M
Q L E J R S U I S V O I C H O W H C
C Q A T M Q N Y C X V V U S R C H A
Z P J H Z W S I X C A B S A P X H A
J Q A I R S T G V K U L A K F B C A
F R V U U C I R Q A E P R U Y W A R
B L Z B Z H J L M D R S O E E E R
B E E T H O V E N M R T S F L O X
E D V Q M P V E R D I I S H G P R
F U W C U I M O Z A R T A F K G G
L V L E D N A H O V S M K B P C E
```

Bach   Haydn   Liszt
Verdi   Mozart   Wagner
Chopin   Brahms   Handel
Mahler   Debussy   Vivaldi
Puccini   Schubert   Beethoven
Prokofiev   Stravinsky   Tchaikovsky
Mendelssohn   Rachmaninoff

Clue 26

```
Z F T Y A L A S K A W L C H T
S A X E T F C O L O R A D O I
J N N P Y D X J J N J H N R M
A O B A G A W I S C O N S I N
U Z T I I B K R O Y W E N D A
L I E N W S S N Q R A N O J G
H R N R K V I A O N E Z L J I
A A N O Y E O U A S A G G L H
W C S F H R N T O X V E O A C
A I S I L M N T P L O I N N I
I K E L K O A C U R W E D V M
I W E A M N R Y G C V T R V Q
C J E C C T Y I Y A K A F F V
I B U L X Y A J D W O Y E B E
P Y R A X A M A B A L A J U W
```

Texas	Alaska	Hawaii
Nevada	Oregon	Florida
Arizona	Montana	Vermont
Georgia	Alabama	New York
Colorado	Kentucky	Michigan
Louisiana	Tennessee	Minnesota
Wisconsin	California	

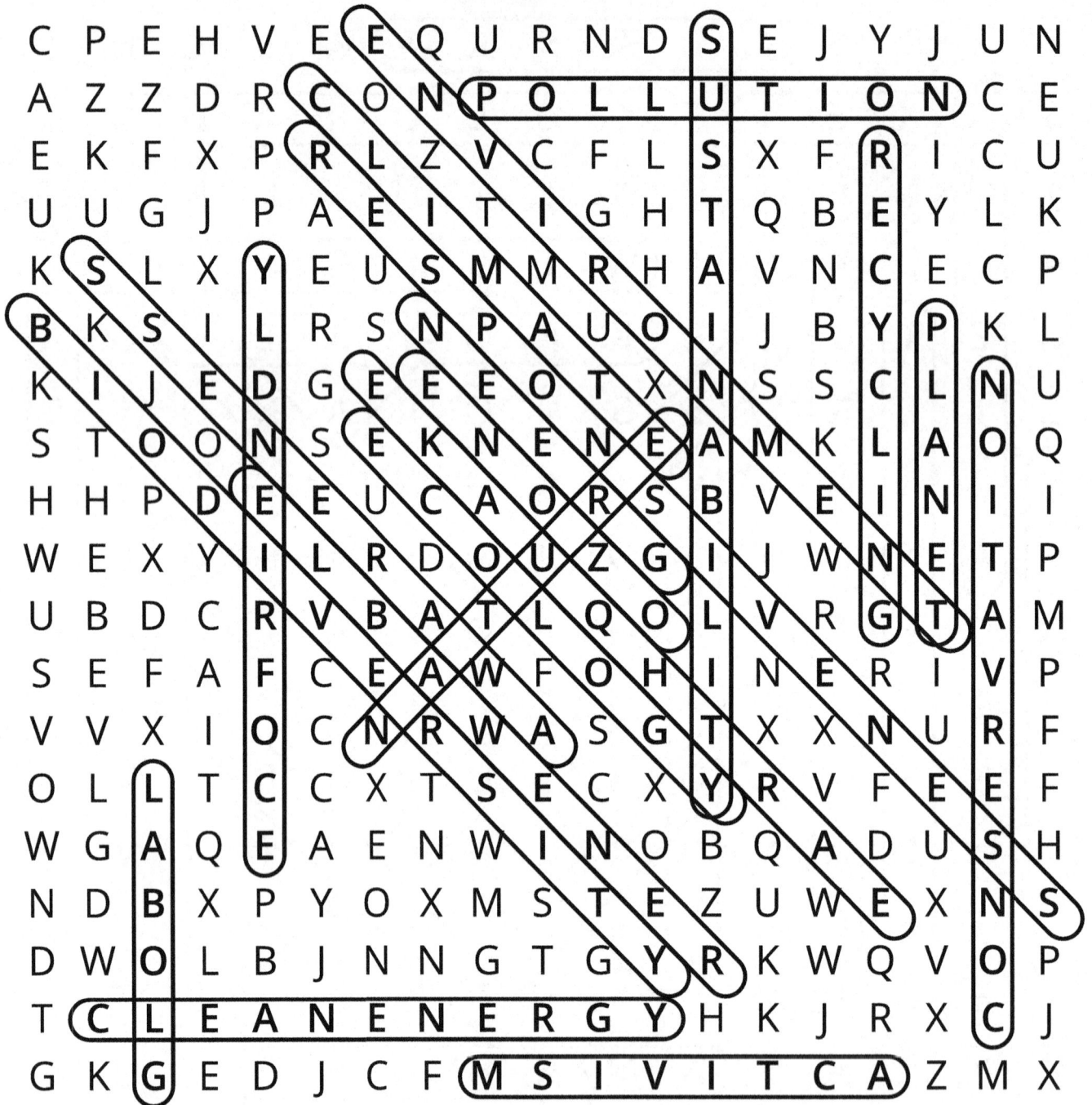

Clue 27

```
C P E H V E E Q U R N D S E J Y J U N
A Z Z D R C O N P O L L U T I O N C E
E K F X P R L Z V C F L S X F R I C U
U U G J P A E I T I G H T Q B E Y L K
K S L X Y E U S M M R H A V N C E C P
B K S I L R S N P A U O I J B Y P K L
K I J E D G E E E O T X N S S C L N U
S T O O N S E K N E N E A M K L A O Q
H H P D E E U C A O R S B V E I N I P
W E X Y I L R D O U Z G I J W N E T P
U B D C R V B A T L Q O L V R G T A M
S E F A F C E A W F O H I N E R I V P
V V X I O C N R W A S G T X X N U R F
O L L T E C X T S E C X Y R V F E E F
W G A Q E A E N W I N O B Q A D U S H
N D B X P Y O X M S T E Z U W E X N S
D W O L B J N N G T G Y R K W Q V O P
T C L E A N E N E R G Y H K J R X C J
G K G E D J C F M S I V I T C A Z M X
```

Green   Ozone   Planet

Nature   Global   Climate

Ecology   Activism   Awareness

Recycling   Renewable   Pollution

Earthquake   Environment   Ecofriendly

Conservation   Biodiversity   Clean energy

Sustainability   Responsiveness

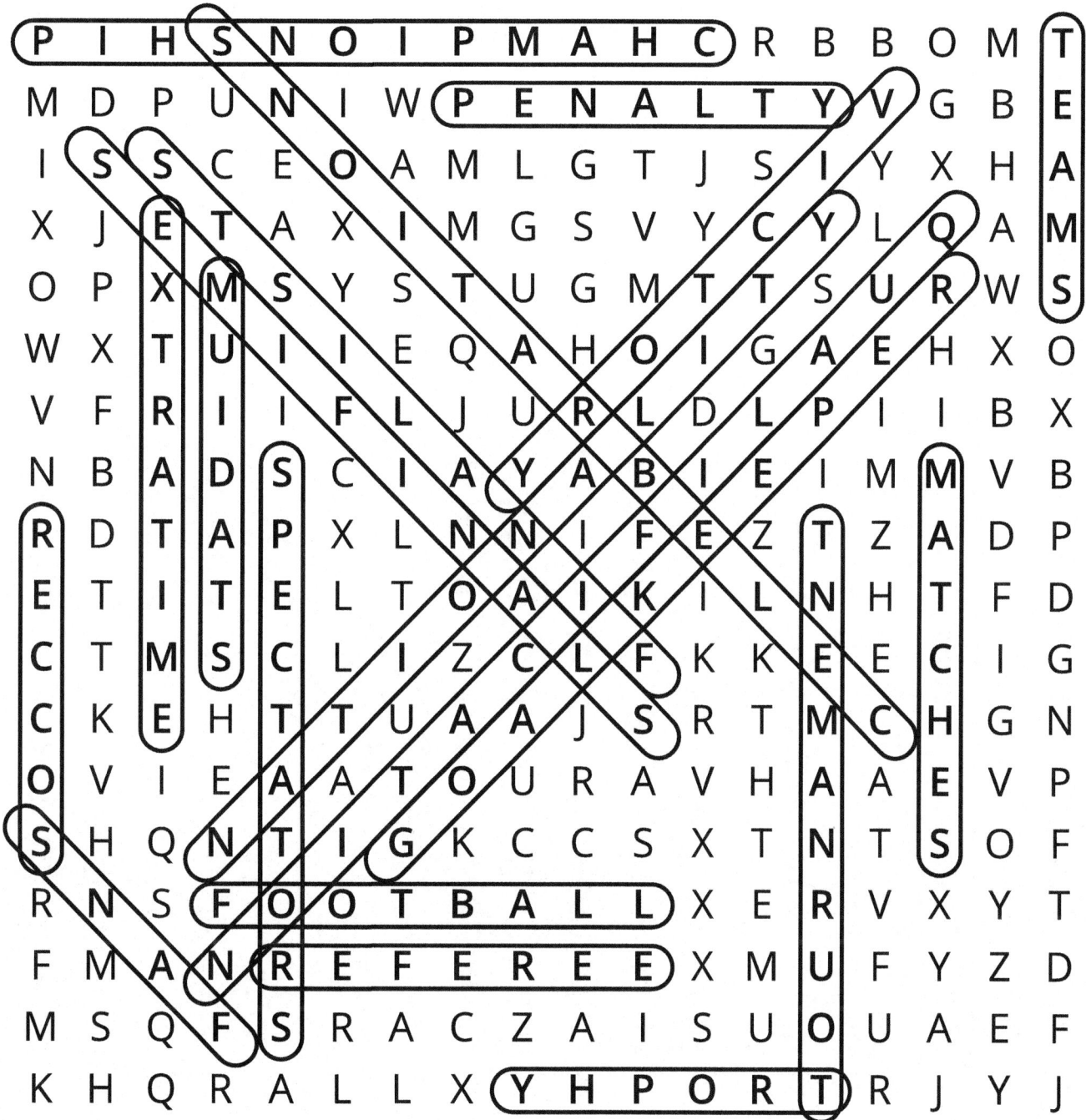

Clue 28

```
P I H S N O I P M A H C R B B O M T
M D P U N I W P E N A L T Y V G B E
I S S C E O A M L G T J S I Y X H A
X J E T A X I M G S V Y C Y L O A M
O P X M S Y S T U G M T T S U R W S
W X T U I I E Q A H O I G A E H X O
V F R I I F L J U R L D L P I I B X
N B A D S C I A Y A B I E I M V B
R D T A P X L N N I F E Z T Z A D P
E C T T E L T O A I K I L N H T F D
C K I M S L I Z C L F K K E E C I G
O V M E H T T U A A J S R T M C E N P
S H Q N E A T O U R A V H A A E S O F
R N S F O O T B A L L X E R V X Y T
F M A N R E F E R E E X M U F Y Z D
M S Q F S R A C Z A I S U O U A E F
K H Q R A L L X Y H P O R T R J Y J
```

Fans	Teams	Soccer
Trophy	Victory	Matches
Penalty	Referee	Stadium
Football	Extratime	Finalists
Tournament	Goalkeeper	Spectators
Semifinals	Nationality	Championship
Celebrations	Qualification	

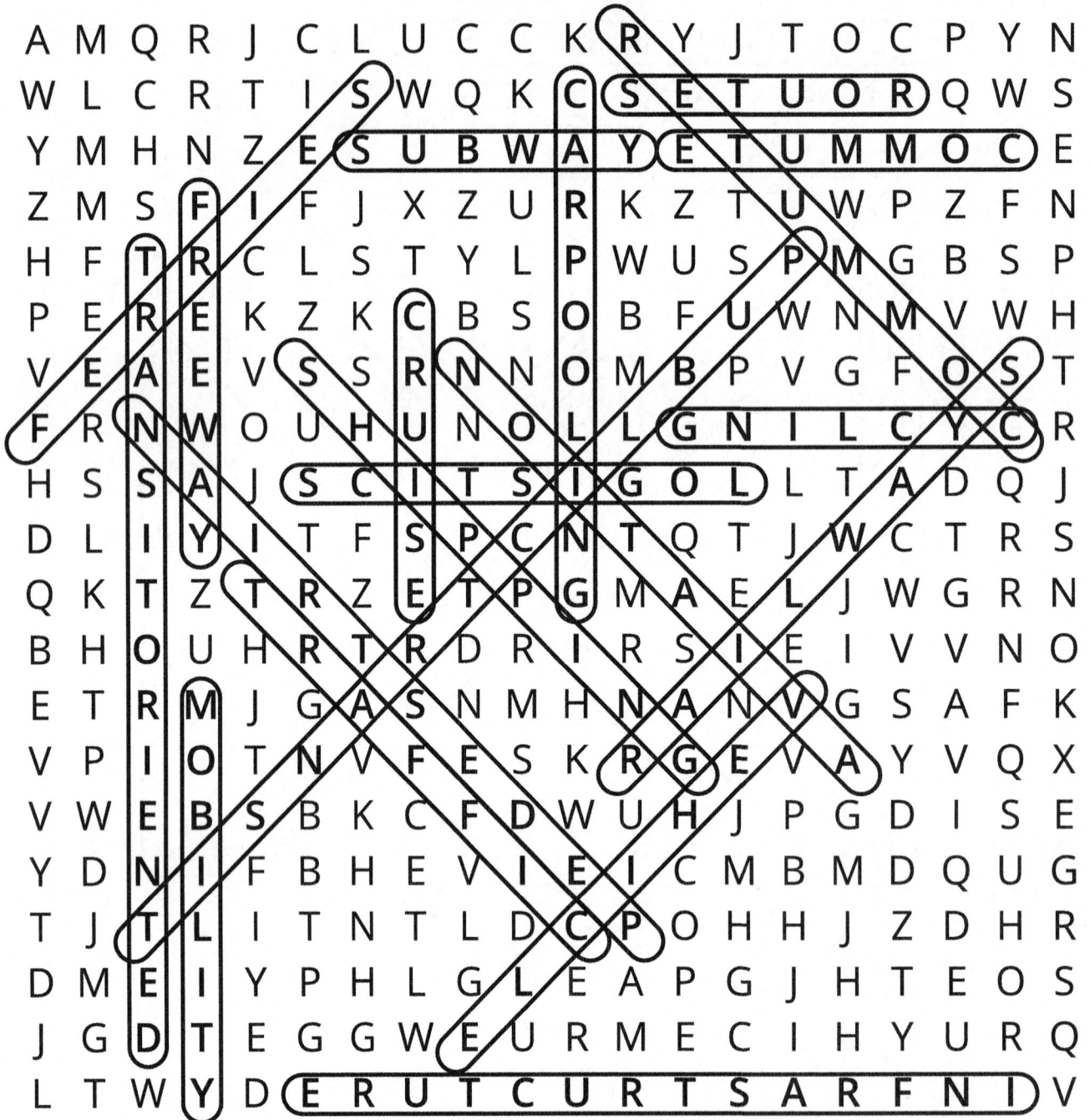

Clue 29

```
A M Q R J C L U C C K R Y J T O C P Y N
W L C R T I S W Q K C S E T U O R Q W S
Y M H N Z E S U B W A Y E T U M M O C E
Z M S F I F J X Z U R K Z T U W P Z F N
H F T R C L S T Y L P W U S P M G B S P
P E R E K Z K C B S O B F U W N M V W H
V E A E V S S R N N O M B P V G F O S T
F R N W O U H U N O L L G N I L C Y C R
H S A J S C I T S I G O L L T A D Q J
D L I Y I T F S P C N T Q T J W C T R S
Q K T Z T R Z E T P G M A E L J W G R N
B H O U H R T R D R I R S I E I V V N O
E T R M J G A S N M H N A N V G S A F K
V P I O T N V F E S K R G E V A Y V Q X
V W E B S B K C F D W U H J P G D I S E
Y D N I F B H E V I E I C M B M D Q U G
T J T L I T N T L D C P O H H J Z D H R
D M E I Y P H L G L E A P G J H T E O S
J G D T E G G W E U R M E C I H Y U R Q
L T W Y D E R U T C U R T S A R F N I V
```

Subway	Cruise	Routes
Vehicle	Commute	Traffic
Cycling	Freeway	Ferries
Aviation	Railways	Shipping
Commuter	Mobility	Logistics
Carpooling	Pedestrian	Public transit
Infrastructure	Transitoriented	

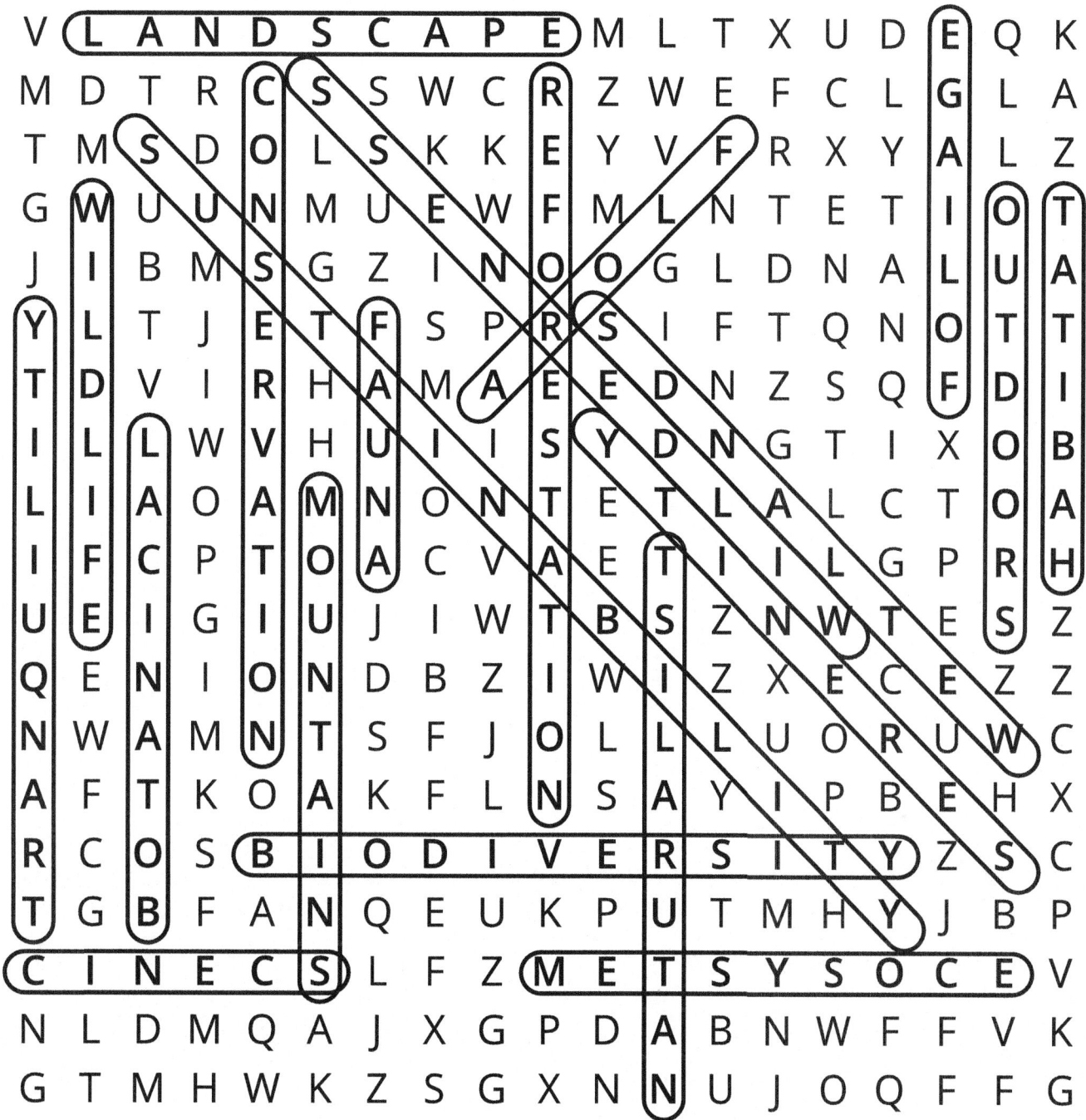

Clue 30

```
V L A N D S C A P E M L T X U D E Q K
M D T R C S S W C R Z W E F C L G L A
T M S D O L S K K E Y V F R X Y A I L Z
G W U U N M U E W F M L N T E T I L O O
J I B M S G Z I N O O G L D N A L O F A
Y L T J E T F S P R S I F T Q N O T T
T D V I R H A M A E E D N Z S Q C O A I
I L F L W V A M I S Y D N G T I X O B
L F C I A T M N O N T E T L A L C T O A
U E I O P T O A C V A E T I I L G P S R
Q N A G I O N J I W T B S Z N W T E Z H
N W A M N T A S F J O L S I L U O R U W
A F T K O A K F L N S A Y L P B E H C
R C O S B I O D I V E R S I T Y Z S C
T G B F A N Q E U K P U T M H Y J B P
C I N E C S L F Z M E T S Y S O C E V
N L D M Q A J X G P D A B N W F F V K
G T M H W K Z S G X N U J O Q F F G
```

Flora

Foliage

Outdoors

Ecosystem

Mountains

Tranquility

Reforestation

Fauna

Habitat

Wildlife

Landscape

Wilderness

Biodiversity

Sustainability

Scenic

Serenity

Wetlands

Botanical

Naturalist

Conservation

Clue 1

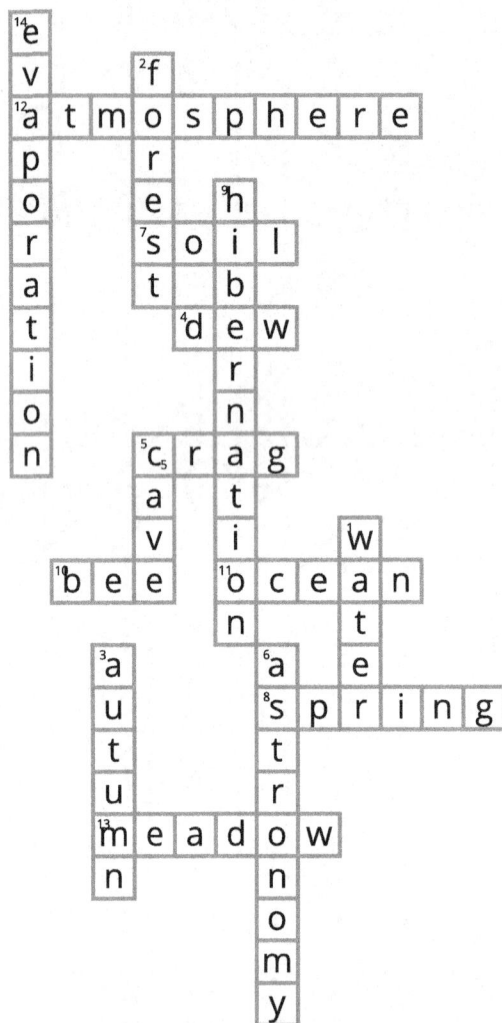

Across
4. Small, shiny droplets of water on leaves in the morning.
5. A steep, rugged rock or cliff.
7. The outer layer of the Earth's surface, where plants grow.
8. A season characterized by blooming flowers and warmer temperatures.
10. A small, flying insect that pollinates flowers.
11. A large body of saltwater that covers most of the Earth's surface.
12. The layer of gases surrounding the Earth.
13. A large, flat area covered in grass and often used for farming.

Down
1. It falls from the sky as rain.
2. A place where trees and plants grow.
3. The process of leaves changing colors in the fall.
6. The study of celestial bodies and the universe.
5. A natural underground cavity in rock, often with water inside.
9. The process of animals sleeping through the winter months.
14. The process of water turning from a liquid into vapor due to heat.

Clue 2

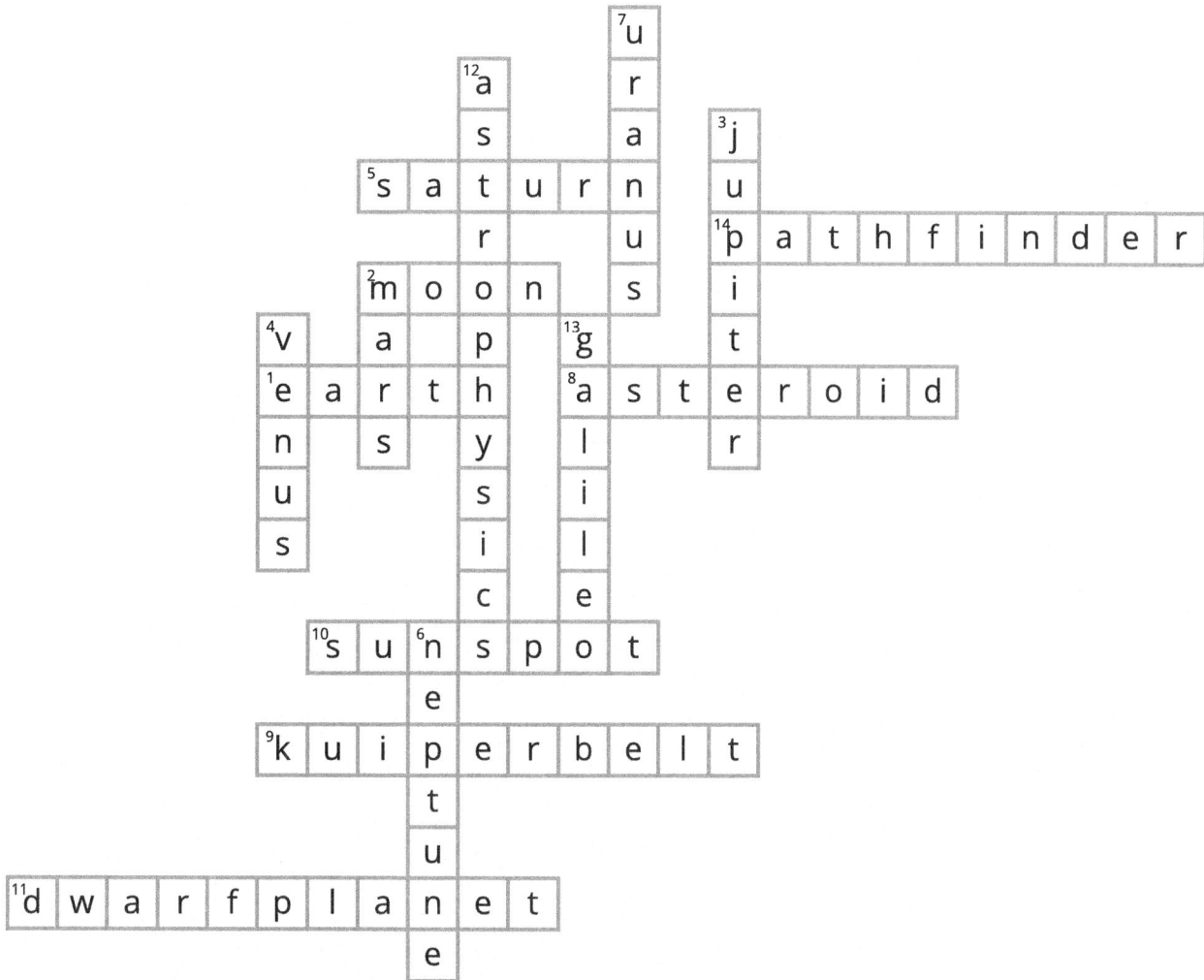

Across
1. The third planet from the Sun; home to humans.
5. The farthest planet in our solar system visible to the naked eye.
2. A celestial body that orbits a planet.
8. A small, rocky body that orbits the Sun; often found in the asteroid belt.
9. A disk-shaped region beyond Neptune containing icy bodies.
10. A transient phenomenon on the Sun's surface, often seen as a dark spot.
11. A planet-like body that orbits a star and is smaller than a planet.
14. A spacecraft that landed on Mars and sent back images of the planet's surface.

Down
2. Known as the "Red Planet."
3. The largest planet in our solar system, with a famous Great Red Spot.
4. The second planet from the Sun; known for its extreme heat.
6. The eighth and farthest known planet from the Sun.
7. The seventh planet from the Sun; tilted on its side.
12. The study of celestial objects and phenomena beyond Earth's atmosphere.
13. A space probe that visited Jupiter and its moons.

Clue 3

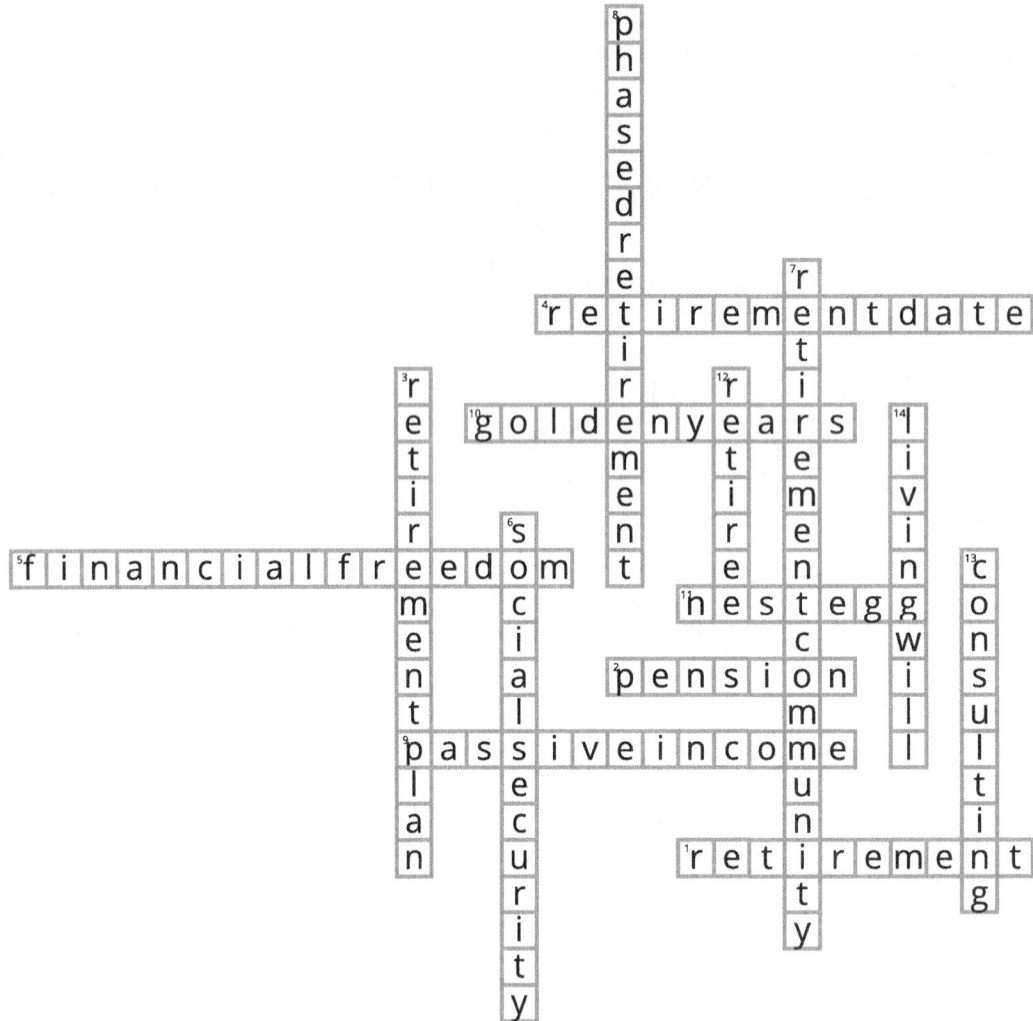

Across

1. The period of life when one stops working and enjoys leisure.
2. Payment made regularly to a retired person from an investment fund.
4. The day a person officially stops working and begins their retirement.
5. The state of not having to work for a living due to saved funds.
9. The income earned from investments, such as stocks or real estate.
10. The phase of life immediately following retirement.
11. Savings specifically set aside for use in retirement.

Down

3. A planned strategy for managing one's finances in retirement.
6. A program established by the government to provide income for retirees.
7. A location often chosen by retirees for its pleasant climate and amenities.
8. The act of gradually reducing work hours and responsibilities before retirement.
12. A person who has retired and now pursues hobbies or interests.
13. A form of part-time work often pursued after retiring from a full-time career.
14. A document outlining a person's wishes for medical care in retirement.

Clue 4

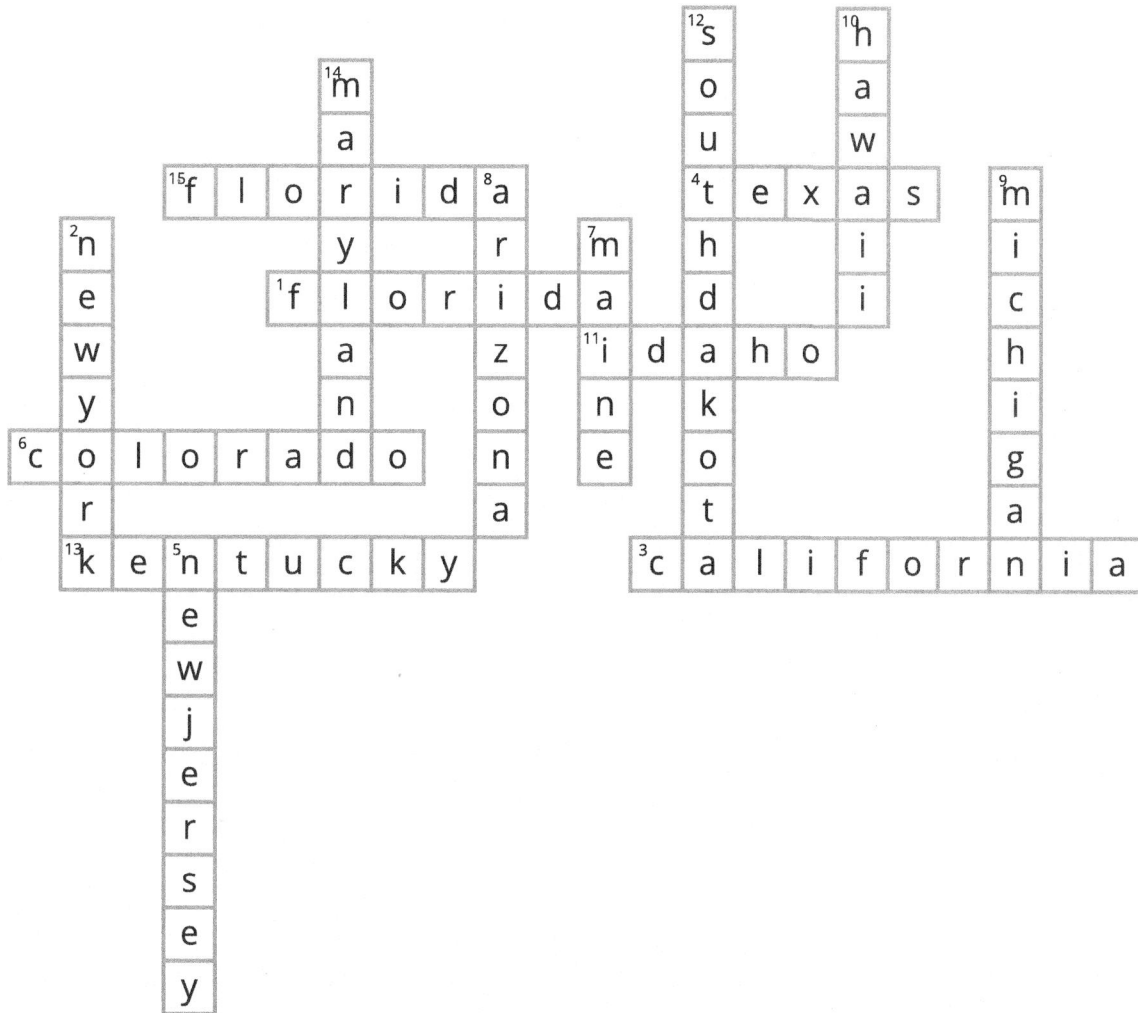

Across
1. The "Sunshine State" known for its tropical climate and theme parks.
3. The "Golden State" known for its beaches, entertainment industry, and tech hub.
4. The "Lone Star State" with a rich history and vast landscapes.
6. The state with the "Mile High City" and stunning Rocky Mountains.
11. The state known for its potatoes and picturesque landscapes.
13. The state where the "Bourbon Trail" and bluegrass music thrive.
15. The state with the "Space Coast" and NASA's Kennedy Space Center.

Down
2. The "Empire State" famous for its iconic city skyline and landmarks.
5. The "Garden State" located on the northeastern coast of the United States.
7. The state known for its lobster and beautiful New England coastline.
8. The state home to the Grand Canyon and a large desert landscape.
9. The state with the "Motor City" and a significant automobile industry.
10. The state with the "Aloha Spirit" and a series of islands in the Pacific.
12. The state with the "Mount Rushmore" monument and vast grasslands.
14. The state famous for its seafood, historic charm, and Old Bay seasoning.

Clue 5

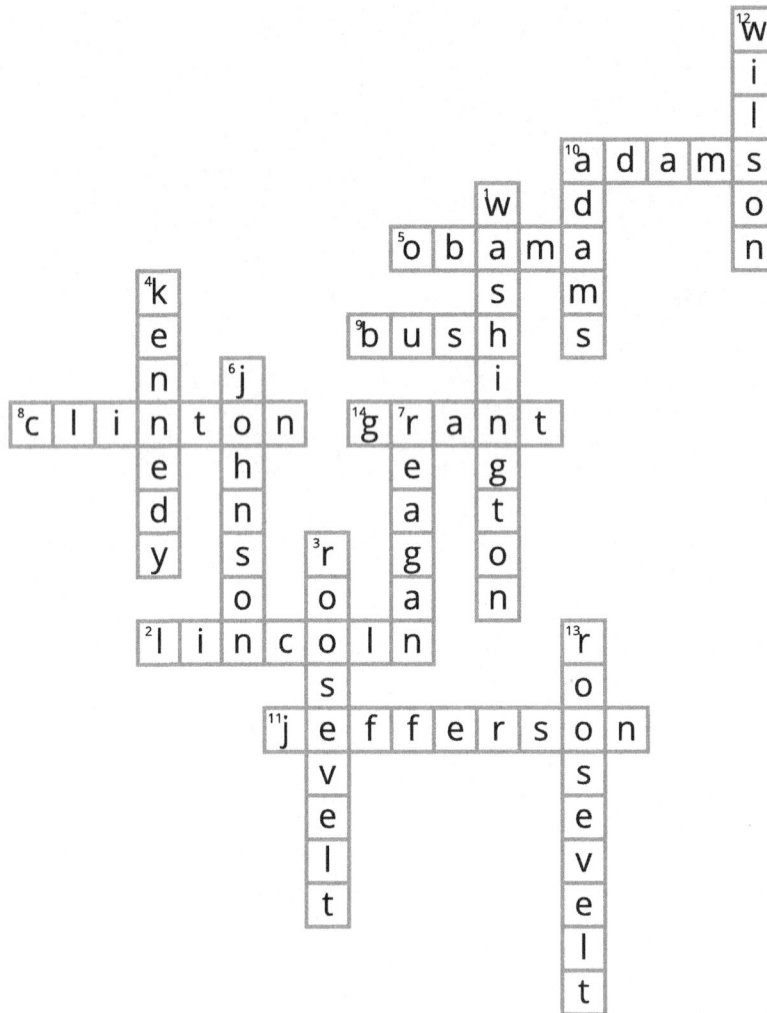

Across

2. The 16th President who delivered the Gettysburg Address and abolished slavery.
5. The 44th President, the first African American to hold the office.
8. The 42nd President remembered for economic growth and the Monica Lewinsky scandal.
9. The 43rd President during the September 11 attacks and the Iraq War.
11. The 3rd President and author of the Declaration of Independence.
10. The 6th President and son of a Founding Father, who later became a Congressman and diplomat.
14. The 18th President and a Union General during the Civil War.

Down

1. The first President of the United States, often called the "Father of His Country."
3. The 32nd President known for leading the country through the Great Depression and World War II.
4. The 35th President who famously stated, "Ask not what your country can do for you."
6. The 1st President born in the 20th century, known for his "Great Society" initiatives.
7. The 40th President who played a role in ending the Cold War.
10. The 2nd President and a Founding Father, known for his role in drafting the Declaration of Independence.
12. The 28th President who led the nation during World War I and championed the League of Nations.
13. The 26th President known for his "Square Deal" and conservation efforts.

Clue 6

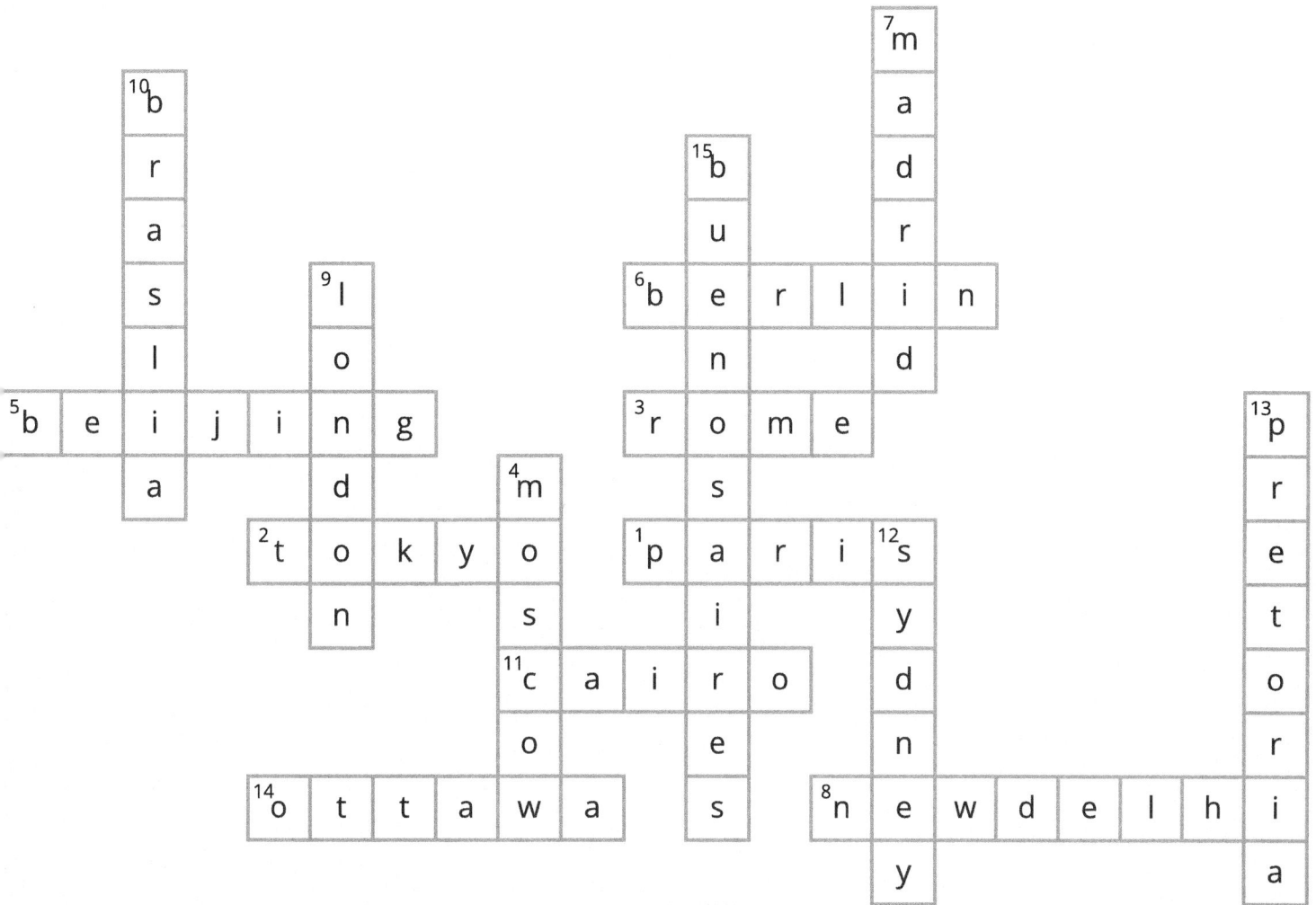

Across
1. The capital of France, known for its iconic Eiffel Tower and artistic heritage.
2. The capital of Japan, a modern metropolis blending tradition and technology.
3. The capital of Italy, famous for its ancient ruins and historical landmarks.
5. The capital of China, home to the Forbidden City and the Great Wall.
6. The capital of Germany, known for its cultural diversity and historical significance.
8. The capital of India, a city of contrasts with both historical and modern elements.
11. The capital of Egypt, home to the ancient Pyramids and Sphinx.
14. The capital of Canada, located in Ontario and known for its government buildings.

Down
4. The capital of Russia, known for its distinctive architecture and rich history.
7. The capital of Spain, famous for its vibrant culture and architecture.
9. The capital of United Kingdom, known for its royal palaces and Big Ben.
10. The capital of Brazil, renowned for its lively festivals and beautiful beaches.
12. The capital of Australia, situated on the coast and known for its harbor.
13. The capital of South Africa, known for its diverse culture and history.
15. The capital of Argentina, famous for its tango music and steakhouses.

Clue 7

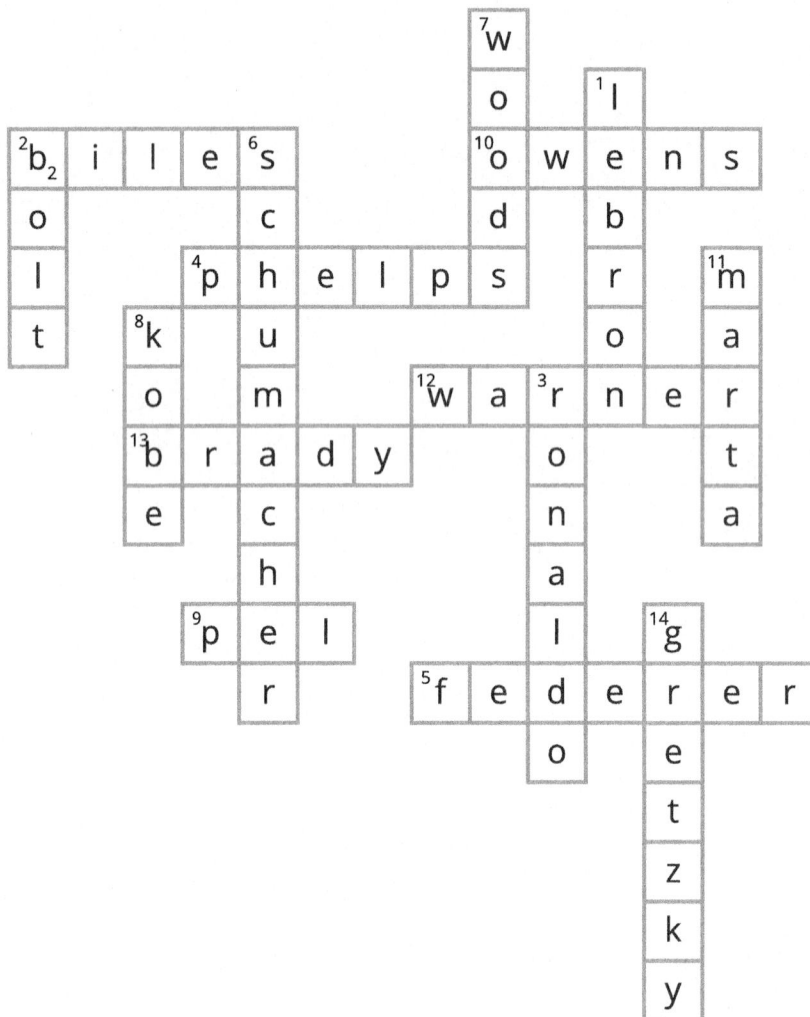

Across
4. The American swimmer with the most Olympic gold medals in history.
5. The tennis player with the most Grand Slam titles on the men's side.
2. The American gymnast known for her exceptional skills and Olympic successes.
9. The Brazilian soccer legend who won three FIFA World Cups.
10. The American track and field athlete who won four gold medals at the 1936 Olympics.
12. The Australian cricketer known for his aggressive batting style.
13. The NFL quarterback with multiple Super Bowl wins and MVP awards.

Down
1. The basketball player often referred to as "The King."
2. The Jamaican sprinter known for his world records in the 100m and 200m races.
3. The Portuguese soccer player who is considered one of the greatest of all time.
6. The Formula One driver with seven World Drivers' Championship titles.
7. The golfer who held the World No. 1 ranking for a record total of 683 weeks.
8. The retired NBA player nicknamed "The Black Mamba."
11. The female soccer player often recognized as the best in the world.
14. The ice hockey player often referred to as "The Great One."

Clue 8

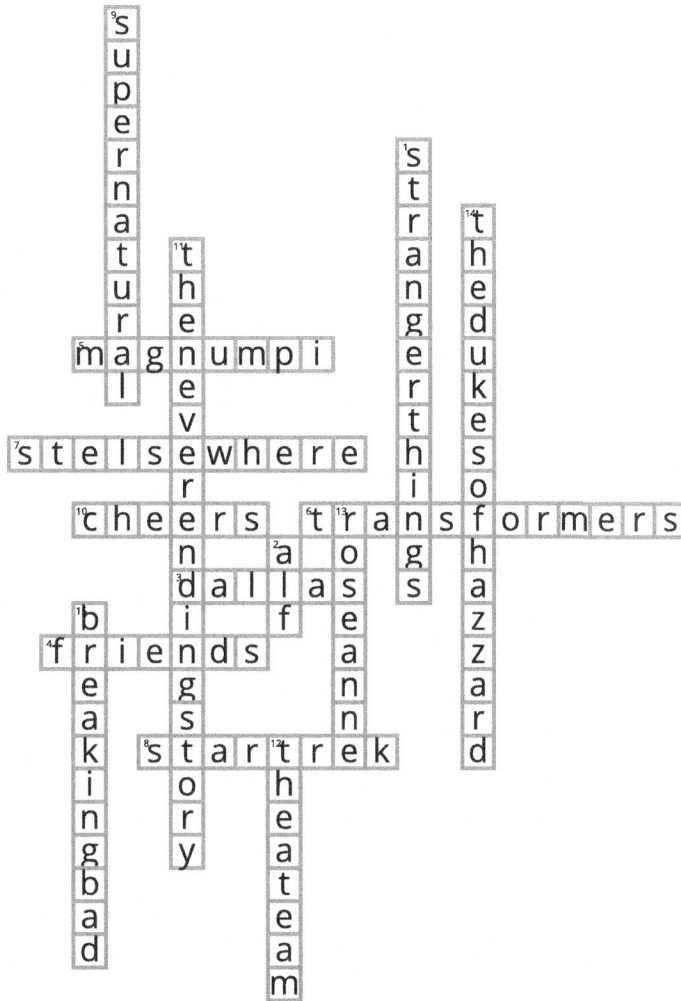

Across

3. A drama series following the lives of oil tycoons and their families in Texas.
4. A comedy show featuring a group of friends living in New York City.
5. An action-adventure series following the exploits of a clever detective and his partner.
6. An animated show about a group of transforming robots battling evil forces.
7. A medical drama set in a Boston teaching hospital.
8. A sci-fi series featuring a starship crew exploring the galaxy and facing challenges.
10. A sitcom set in a Boston bar where everybody knows your name.

Down

1. A science fiction series featuring a group of kids and a telekinetic girl.
2. A family sitcom centered around a quirky alien living on Earth.
9. A supernatural drama centered around two brothers fighting demons and monsters.
11. A fantasy show about a young man's journey to find his missing father.
12. A show following a team of mercenaries and their missions in Los Angeles.
13. A sitcom featuring a quirky family living in the fictional town of Lanford.
14. An action-packed series following the adventures of a Vietnam War veteran.
15. A drama series about a high school teacher turned methamphetamine manufacturer.

Clue 9

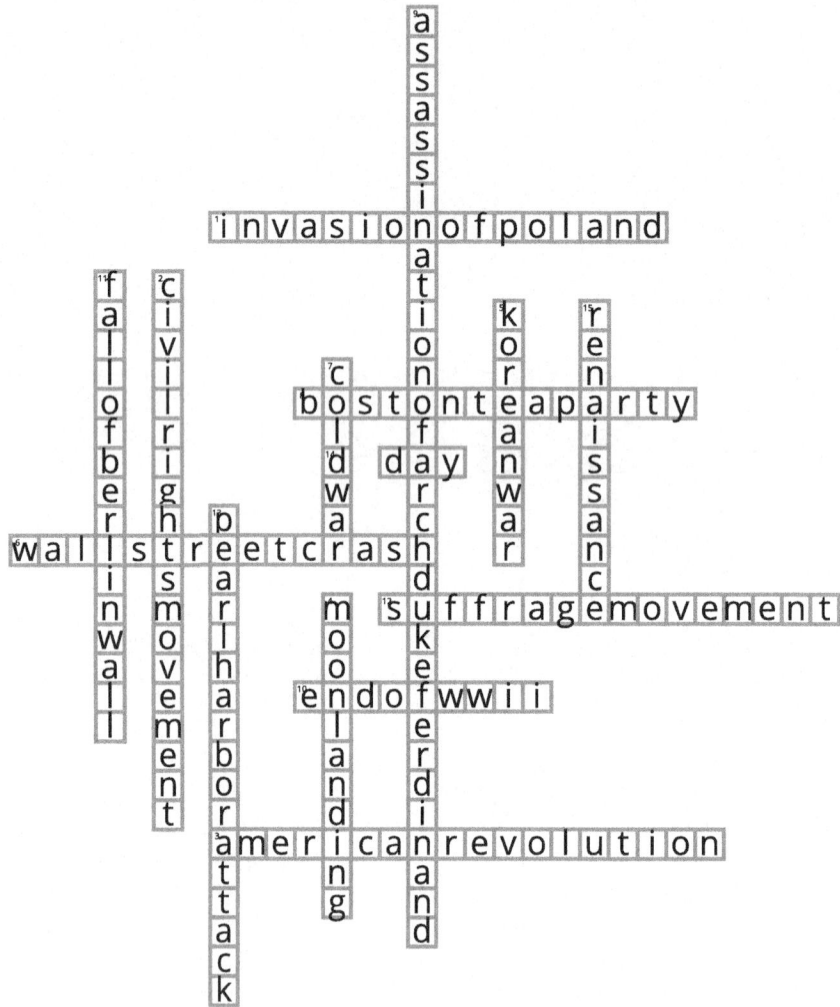

Across
1. The event that marked the beginning of World War II, when Germany invaded Poland.
3. The event that led to the American colonies' independence from Great Britain.
6. The devastating stock market crash in 1929 that triggered the Great Depression.
8. The event in 1773 where American colonists protested British taxation by throwing tea into the harbor.
10. The event in 1945 that brought an end to World War II after the atomic bombings.
12. The movement advocating for women's right to vote, gaining momentum in the early 20th century.
14. The military operation in 1944 that led to the liberation of Nazi-occupied Europe.

Down
2. The series of protests and demonstrations for civil rights and against racial segregation.
4. The event in 1969 when humans first landed on the Moon.
5. The conflict that lasted from 1950 to 1953 and involved North and South Korea.
7. The period of intense ideological rivalry between the USA and the USSR.
9. The catastrophic event that occurred in 1914 and triggered World War I.
11. The event in 1989 that marked the fall of the Berlin Wall and the end of the Cold War.
13. The event that occurred on December 7, 1941, drawing the USA into World War II.
15. The historical period of cultural and artistic revival in Europe, spanning from the 14th to 17th century.

Clue 10

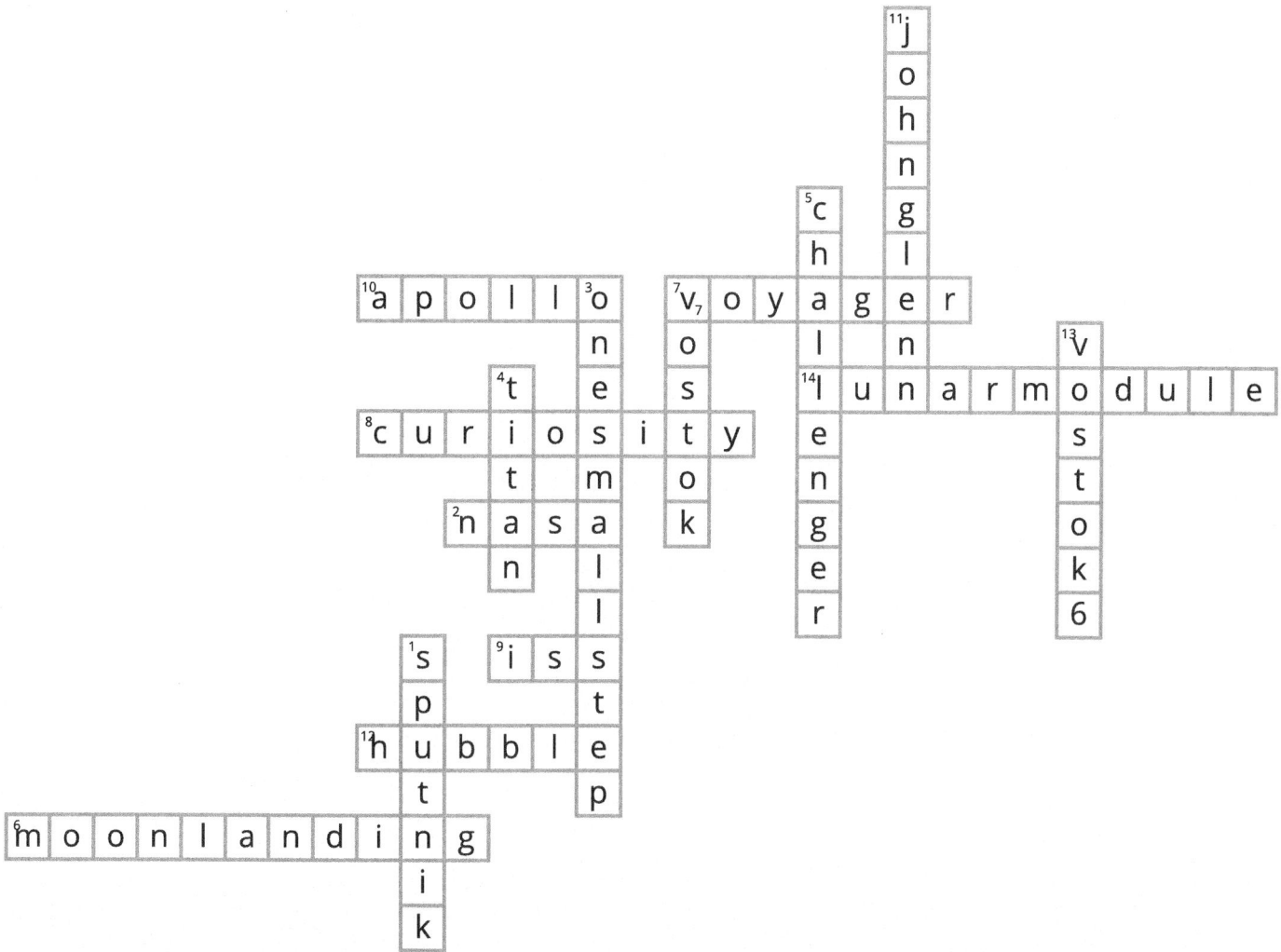

Across

2. The US space agency responsible for many space missions, including the Apollo moon landings.
6. The event that marked the end of the Space Race, where Apollo 11 landed humans on the Moon.
8. The robotic rover that has been exploring the surface of Mars since 2012.
9. The space station that serves as a laboratory and living quarters for astronauts.
10. The US space program that aimed to land humans on the Moon and bring them back safely.
7. The probe launched in 1977 to study the outer planets of our solar system.
12. The space telescope that has provided stunning images of distant galaxies and nebulae.
14. The spacecraft that carried the first humans to the Moon's surface in 1969.

Down

1. The first artificial satellite launched into Earth's orbit in 1957 by the Soviet Union.
3. The first successful manned mission to the Moon, Apollo 11, had this famous phrase.
4. The largest moon of Saturn, known for its thick atmosphere and potential for life.
5. The space shuttle that tragically exploded shortly after launch in 1986.
7. The spacecraft that carried the first human, Yuri Gagarin, into space.
11. The first American to orbit the Earth and later became the oldest astronaut in space.
13. The Soviet spacecraft that carried the first woman, Valentina Tereshkova, into space.

Clue 11

Across
2. An iconic puzzle game where players arrange falling blocks to complete lines.
4. A space-themed shoot 'em up game known for its colorful graphics and power-ups.
7. A popular fighting game with characters like Ryu, Ken, and Chun-Li.
9. A role-playing game series that features creatures to catch and train.
10. A classic adventure game known for its text-based interactions and puzzles.
11. A scrolling shooter game where you control a spaceship against waves of enemies.
12. A game series featuring a blue hedgehog with a penchant for speed.
13. A side-scrolling beat 'em up game featuring characters like Axel and Blaze.

Down
1. A classic arcade game where you control a spaceship to defend against alien invaders.
3. A platformer game featuring an Italian plumber on a quest to rescue a princess.
5. A side-scrolling action-adventure game where you play as a hero named Link.
6. A game that introduced the concept of bouncing a ball off a paddle to break bricks.
8. A classic platformer where you guide a plumber through pipes to rescue a princess.
14. A game franchise where you capture creatures and battle them against opponents.
15. An action-adventure game series known for its whip-wielding protagonist, Simon Belmont.

Clue 12

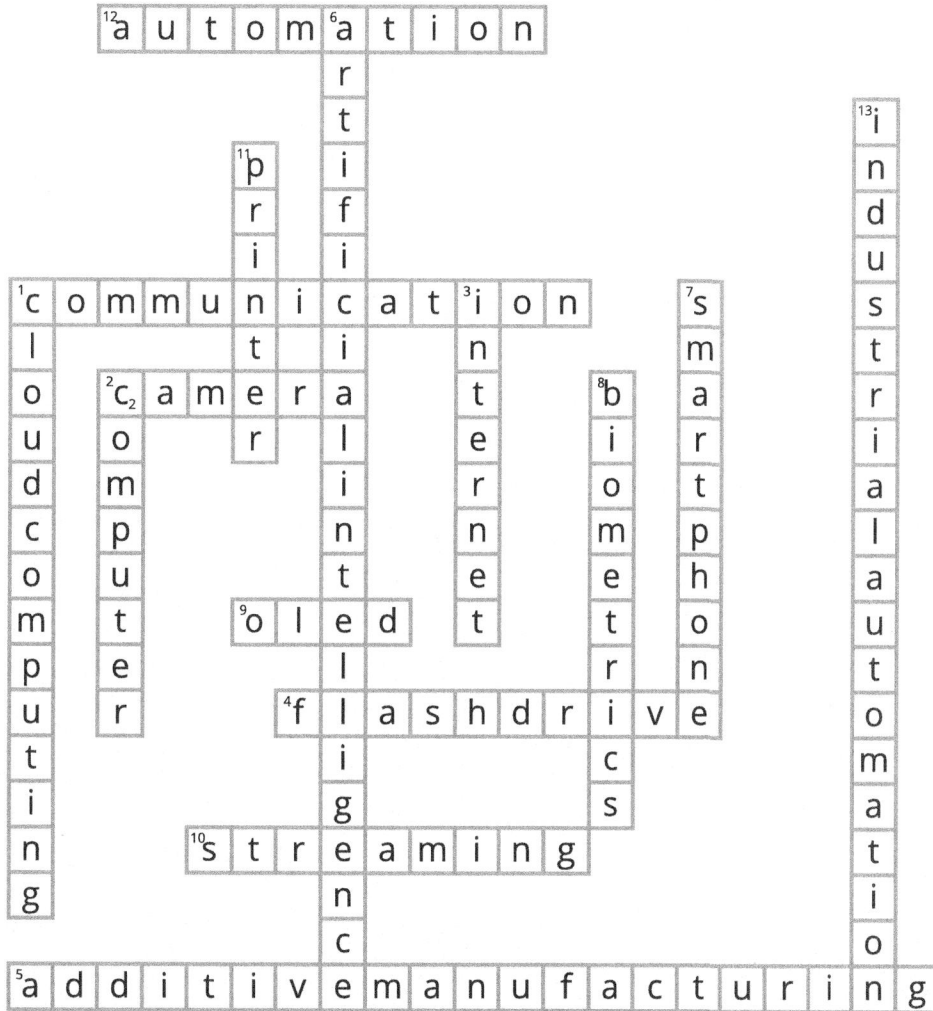

Across
1. The process of sending information through electronic means.
4. A compact storage device that can hold large amounts of data.
5. The process of manufacturing items using digital design and 3D printing.
9. A type of display that emits its own light, like in modern TVs.
10. The process of transmitting audio and video content over the internet.
2. A device that captures and reproduces moving images and sound.
12. The advancement of machines and systems to operate without human intervention.

Down
2. A device that stores and processes data using electronic circuits.
3. The system of interconnected devices and networks across the globe.
6. The ability of a machine to imitate intelligent human behavior.
7. A small, portable device used for making calls and sending messages.
1. A service that provides access to resources and data over the internet.
8. The use of biometric data like fingerprints for identification.
11. A device that converts digital information into physical output.
13. The use of electronic systems for controlling industrial processes.

Clue 13

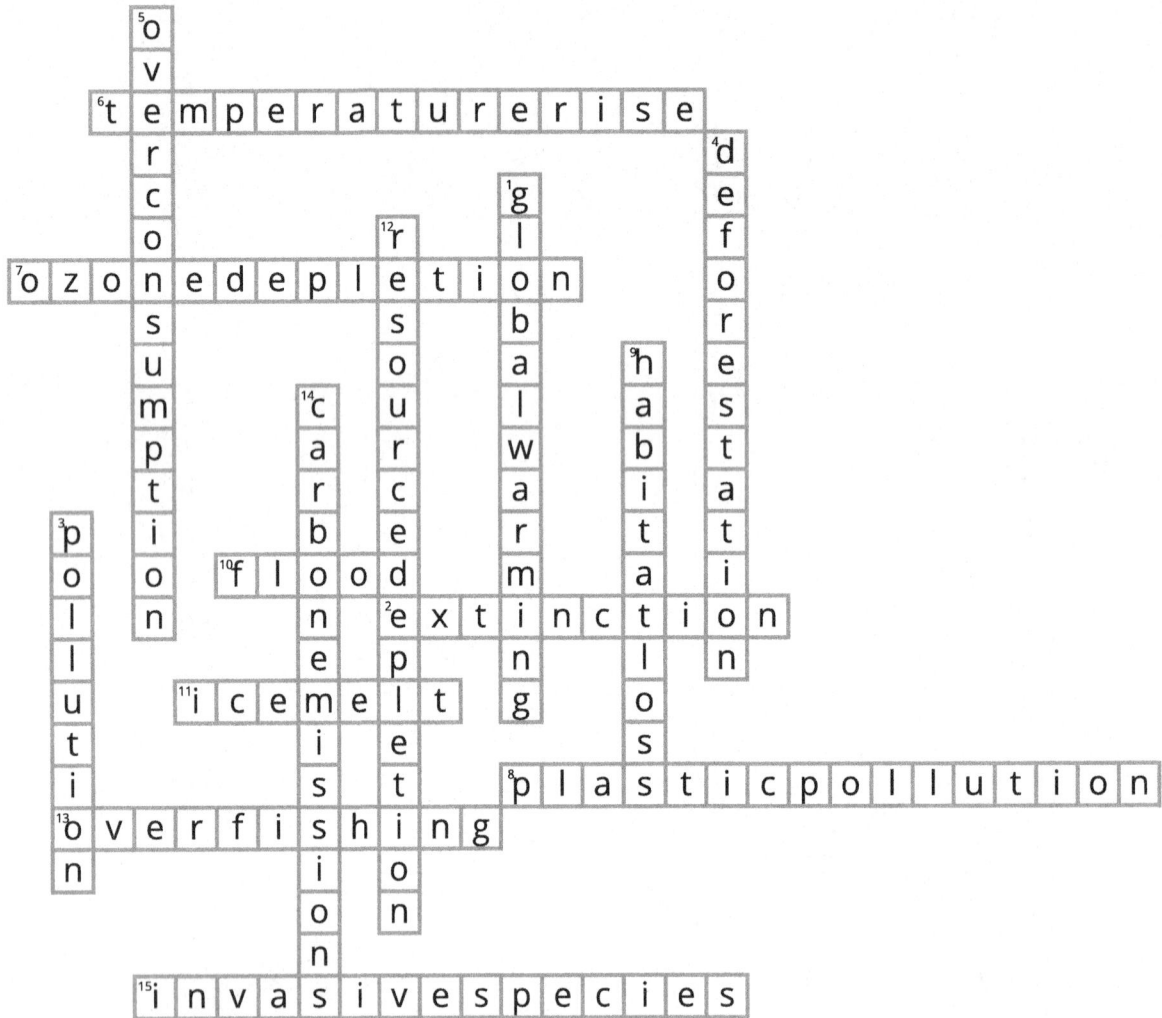

Across
2. The loss of a species from a specific area or from the entire planet.
6. The gradual rise in the Earth's average temperature leading to climate change.
7. The depletion of the ozone layer due to chemicals like CFCs.
8. The excessive accumulation of waste in the environment, especially in oceans.
10. A catastrophic event caused by the overflow of water onto normally dry land.
11. The melting of polar ice and glaciers due to global temperature rise.
13. The overfishing of ocean species, threatening marine ecosystems.
15. The alteration of ecosystems due to invasive species introduced by human activity.

Down
1. The warming of the Earth's surface due to human activities like burning fossil fuels.
3. The contamination of air, water, or soil by harmful substances.
4. The process of removing trees and vegetation from an area of land.
5. The excessive use of resources beyond the planet's ability to regenerate them.
9. The alteration of natural landscapes due to human activity and urbanization.
12. The exhaustion of resources at a faster rate than they can be regenerated.
14. The excess carbon dioxide in the atmosphere leading to ocean acidification.

Clue 14

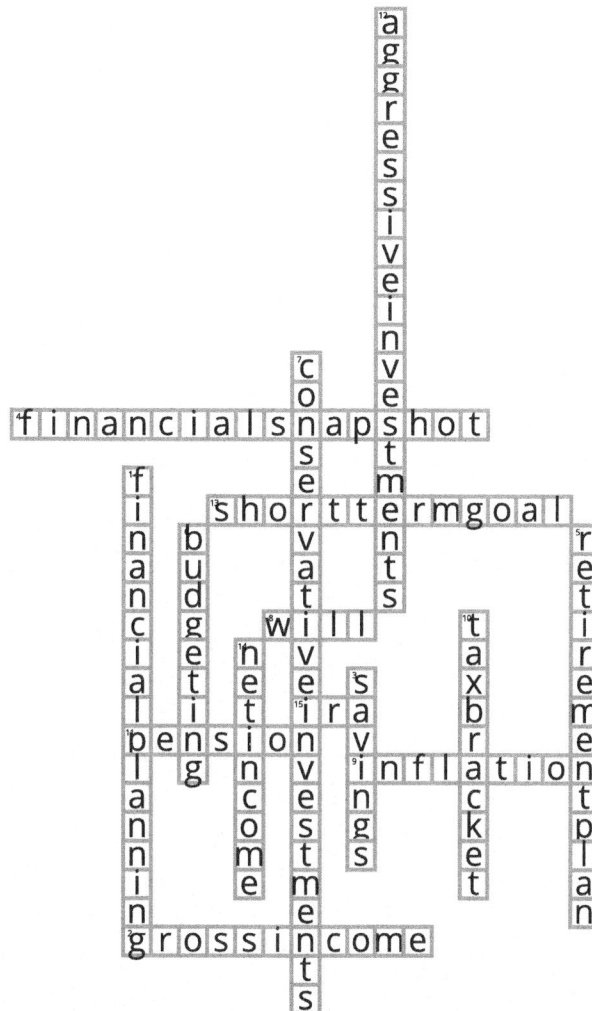

Across

2. The amount of money earned before deductions like taxes and expenses.
4. A comprehensive overview of your financial situation, including assets and liabilities.
8. A document that outlines how your assets should be distributed after your passing.
9. The rate at which the general level of prices for goods and services rises.
11. Money paid regularly to a retiree from an investment fund.
13. A financial goal that can be achieved in the short term, often within a year.
15. A type of account with tax advantages for saving money for retirement.

Down

1. The process of creating a roadmap for managing your money and achieving goals.
3. A sum of money set aside for future use, often in a bank account.
5. A plan to ensure you have enough money during your retirement years.
6. The process of dividing your income into different categories for spending.
7. Investments with lower risk but also lower potential returns.
10. A percentage of your income that goes toward taxes and social security.
12. Investments with higher risk but also higher potential returns.
14. The amount of money remaining after deductions like taxes and expenses.

Clue 15

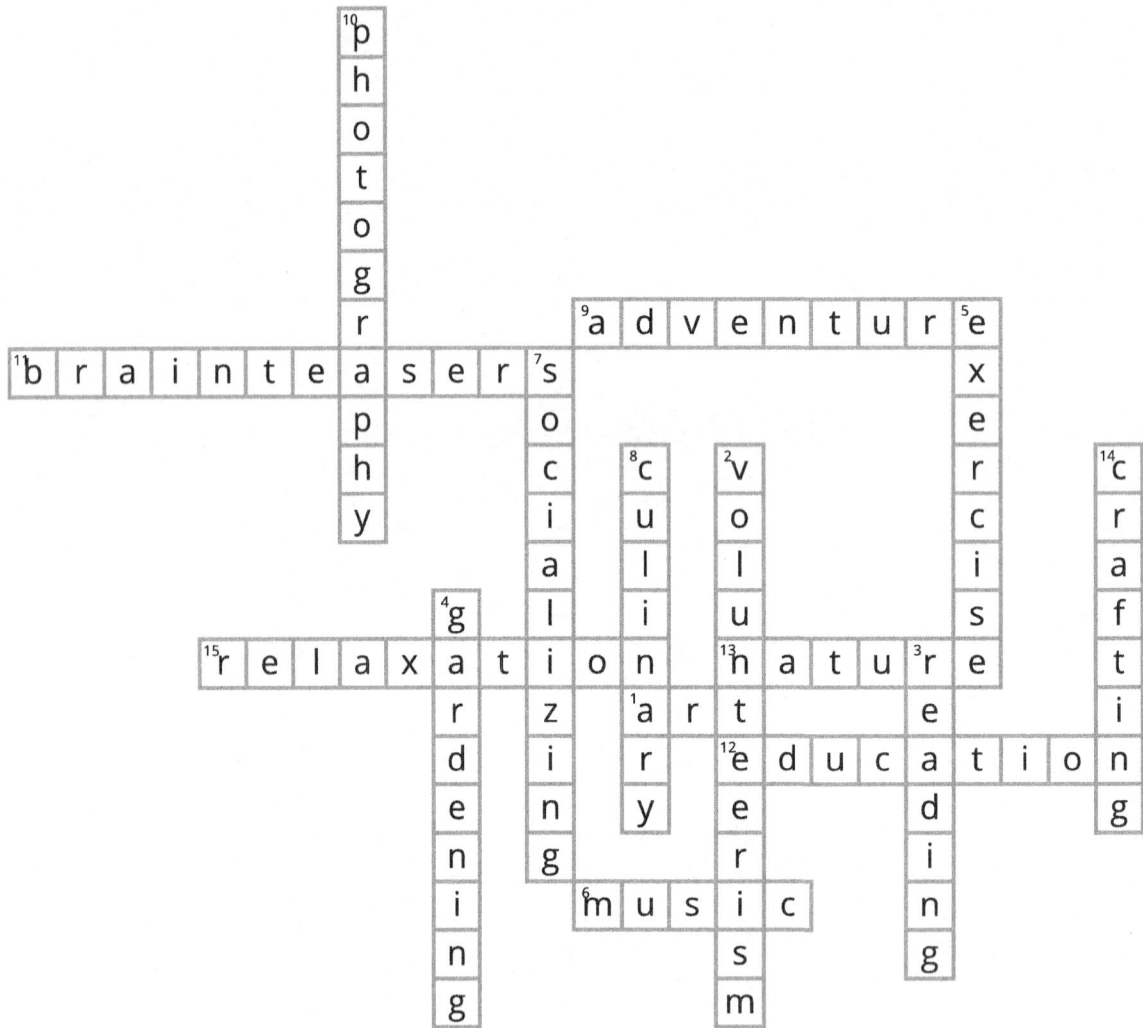

Across
1. Creative pursuits like painting, drawing, and sculpture.
6. Pursuing musical interests by playing instruments or singing.
9. Exploring new destinations and cultures through travel.
11. Engaging in brain-stimulating activities like puzzles and games.
12. Learning new skills or subjects in a formal or informal setting.
13. Enjoying outdoor activities such as hiking, fishing, or biking.
15. Participating in leisurely activities like picnics and outings.

Down
2. Volunteering for charitable organizations or community initiatives.
3. Relaxing and unwinding with a good book or magazine.
4. Growing plants and flowers in a garden or on a balcony.
5. Physical activities to keep the body healthy and fit.
7. Joining clubs or groups with shared hobbies and interests.
8. Trying out new recipes and enjoying cooking or baking.
10. Capturing memories through photography or video-making.
14. Taking up crafts like knitting, sewing, or woodworking.

Clue 16

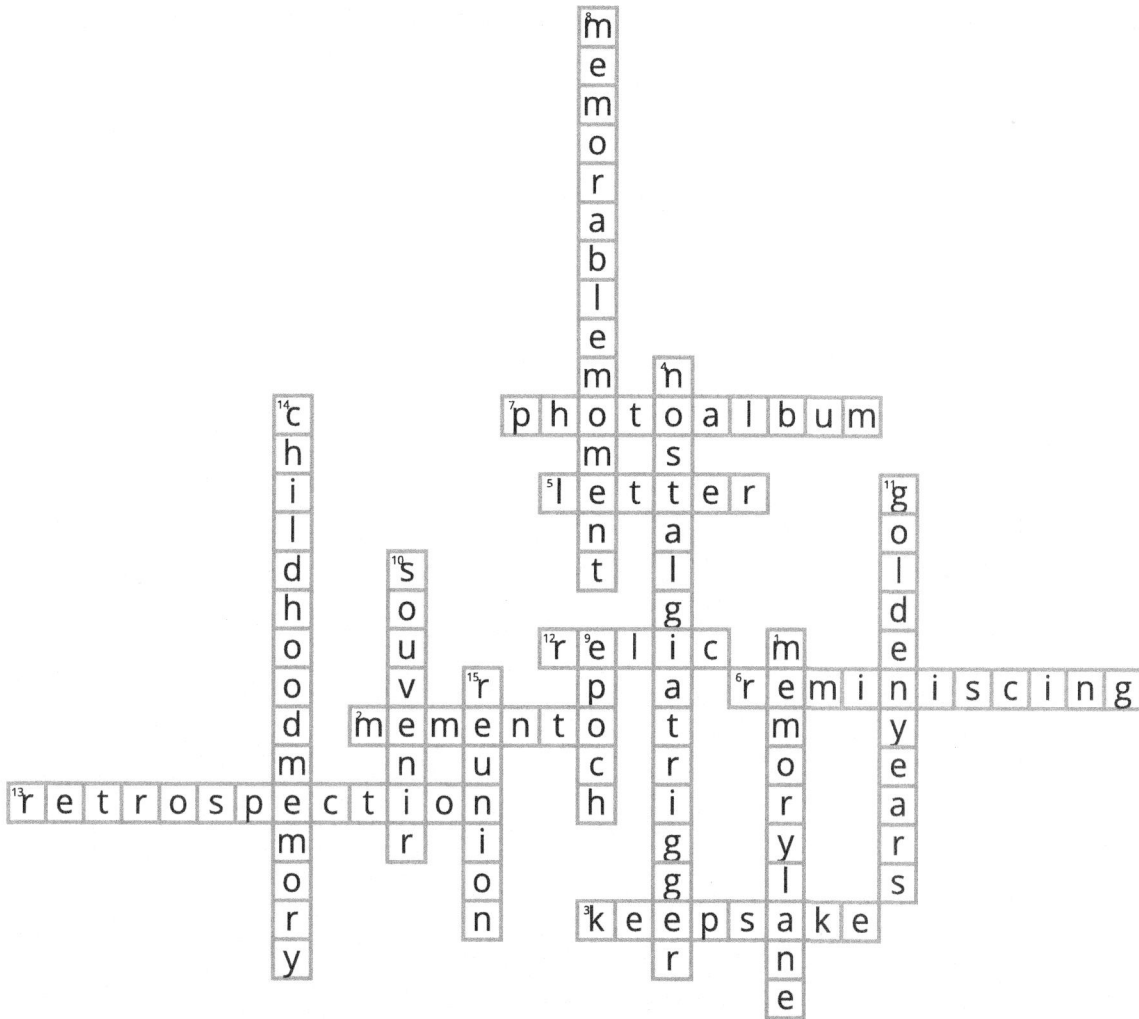

Across
2. An object that brings back memories of a specific time or event.
3. A cherished possession that holds sentimental value from the past.
5. A handwritten message or note from someone in the past.
6. The act of recalling events and experiences from one's history.
7. A collection of old photographs capturing moments from the past.
12. An old-fashioned object that reminds us of the past.
13. The act of looking through old photographs or keepsakes.

Down
1. A nostalgic term for revisiting one's past experiences and memories.
4. A song, movie, or phrase that evokes memories from a certain era.
8. An event or occurrence that stands out in one's memory.
9. A specific year or time period that holds personal significance.
10. A small object representing a particular time or place in one's life.
11. A historical period that one remembers fondly or nostalgically.
14. A vivid and cherished memory from one's childhood.
15. A gathering or event where old friends come together to reminisce.

Clue 17

```
                              ¹v o l u n t ⁹e e r i n g
              ¹h                        l
      ¹⁰c     a              ¹⁴p  ¹⁵c    d                    ⁸p
        o     b                h    o    e                     u
        m     i                i    m    r                     b
        m     t                l    m    l            ⁶f        l
        u     a                a    u    y         ¹¹c o m m u n i t y g r o u p
        n     t                n    n    o            n        c
        i     f                t    i    m          ¹³d i s a s t e r r e l i e f
        t     o                h    t    p            r        e
⁴c o m m u n i t y s e r v i ⁷c e    y    p            a        r
        c     h                r    i          ⁵f o o d b a n k i        v
        l     u                i    v            e    n        s        i
        e     m                b    i            v    i        e        c
        a     a                y    c            e    o                 e
        n     n                    e    ⁷v o l u n t e e r
        u     i                    n      o      s
        p     t                    g      p      h
              y                    a      m      i
                                   g      e      p
                                   e      n
              ²³c o m m u n i t y c e n t e r
                                   e
                                   n
                                   t
```

Across

1. Giving your time and effort for the betterment of others without payment.
2. A person who actively participates in community service and charitable activities.
3. A local center where volunteers gather to help those in need.
4. The act of helping others in one's neighborhood or locality.
5. A charitable organization that collects and distributes food to those in need.
11. A group of individuals working together to support a shared cause.
13. The act of providing assistance to disaster-stricken areas or during emergencies.

Down

6. A social gathering organized by volunteers to raise funds for a cause.
7. Engaging in activities that contribute positively to the well-being of your town or city.
8. The act of participating in projects that benefit the general public.
9. A program where volunteers provide companionship to the elderly.
10. A project that aims to clean up and improve public spaces.
12. A charitable event where volunteers come together to build houses for those in need.
14. The giving of money, goods, or time to those in need without expecting anything in return.
15. The process of improving a neighborhood by working collectively on various projects.

Clue 18

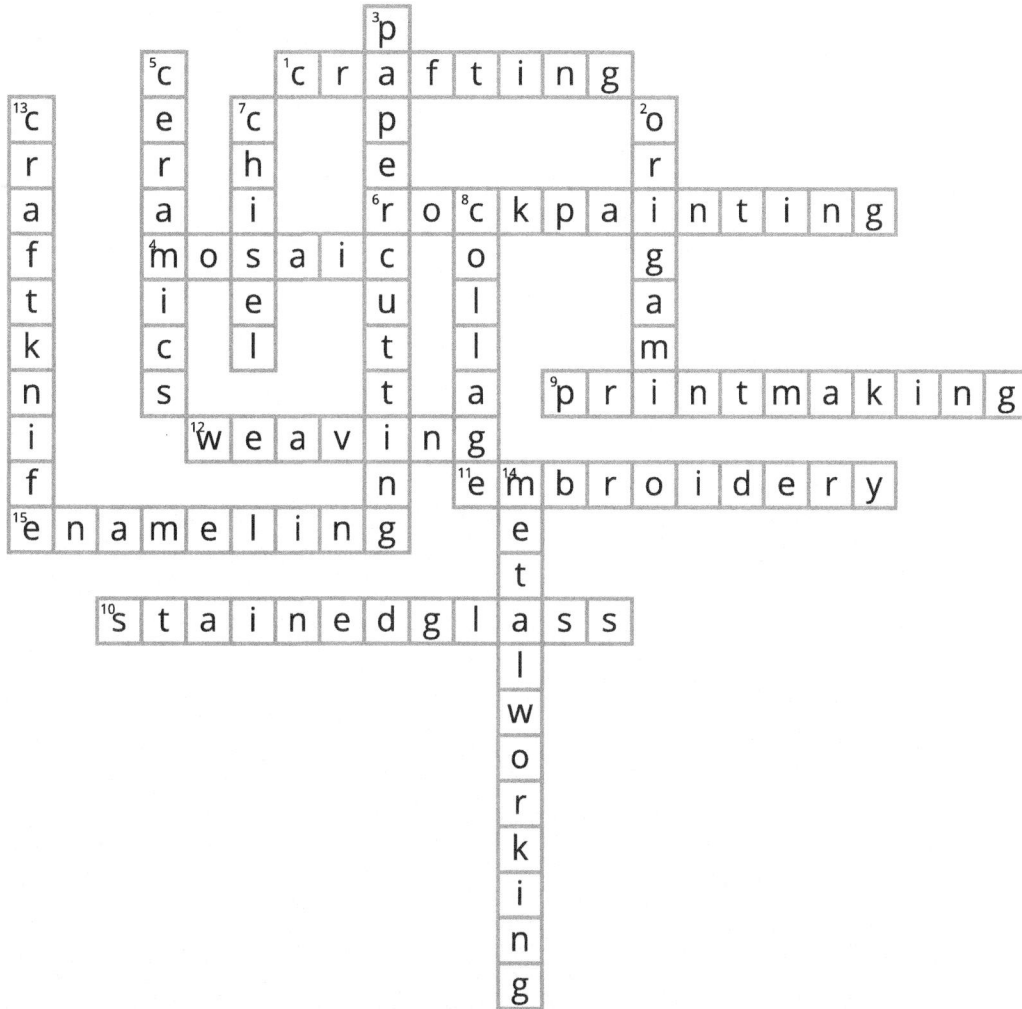

Across
1. The creative activity of making decorative objects by hand.
4. A technique where small pieces of colored glass or tile are arranged to form a pattern.
6. The practice of drawing or painting on small stones and then placing them in public spaces.
9. The process of transferring images from one surface to another using ink or paint.
10. The art of creating designs by arranging small pieces of colored glass or other materials.
11. The use of colored threads to create patterns on fabric.
12. The act of weaving threads together to create textiles or fabrics.
15. The practice of decorating objects with colored enamel fused to the surface.

Down
2. The practice of folding paper into various shapes to create art.
3. The process of cutting intricate designs into paper or other materials.
5. The art of shaping clay into pottery or sculptures and firing them in a kiln.
7. A tool used to create intricate designs in wood, metal, or other materials.
8. The art of arranging and gluing paper cutouts to create images or designs.
13. A small handheld tool used for cutting and shaping various materials.
14. The art of shaping metal by hammering or molding it into desired forms.

Clue 19

Across
1. A physical activity involving repetitive movements to improve cardiovascular health.
2. The practice of combining stretching and breathing exercises for relaxation and flexibility.
5. A form of exercise that uses dance movements to improve fitness and coordination.
6. A program of high-intensity exercises designed to improve overall fitness.
8. A series of bodyweight exercises done in rapid succession to improve endurance.
9. A practice that involves stretching and holding poses to increase flexibility.
10. A type of exercise using controlled movements and breathing to improve posture and strength.
11. A physical activity that involves running or walking for an extended period.

Down
3. A type of exercise that focuses on building and toning muscles using resistance.
4. The act of raising your heart rate through rhythmic and coordinated movements.
7. A cardiovascular exercise performed on a stationary bike.
12. A form of exercise that combines dance and aerobics to upbeat music.
13. The practice of using bodyweight exercises to improve strength, balance, and flexibility.
9. A low-impact exercise program that emphasizes fluid movements and mindfulness.

Clue 20

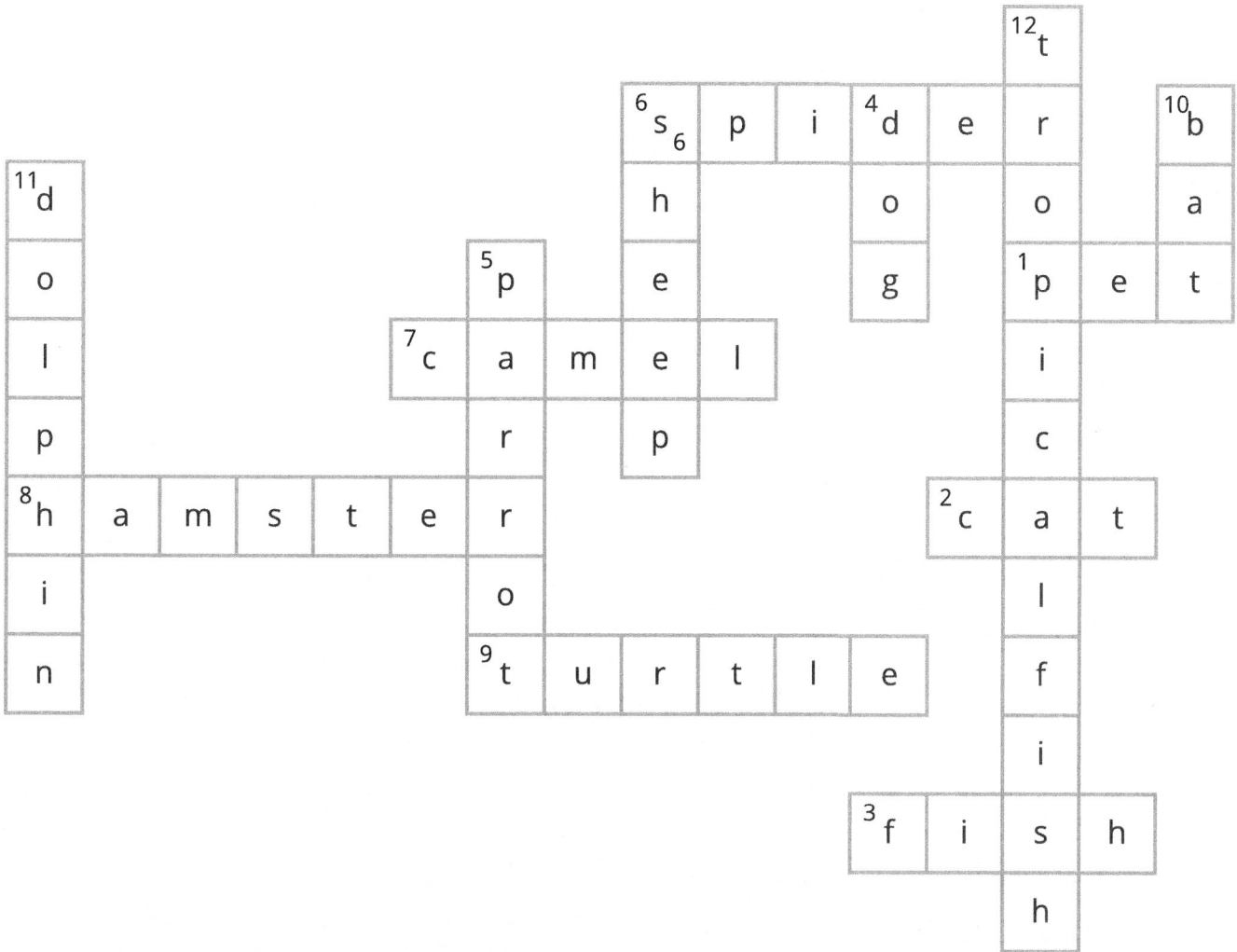

Across
1. A domesticated animal often kept for companionship and loyalty.
2. A four-legged mammal known for its ability to purr and chase mice.
3. A popular small pet with colorful scales and a bowl habitat.
6. A creature with eight legs and silk-spinning abilities.
7. A long-necked animal that's often associated with deserts and water sources.
8. A small and furry rodent often kept as a pet in a cage.
9. A small reptile with a hard shell that often retreats into its shell for protection.

Down
4. A playful and social animal often associated with wagging tails.
5. A cage-dwelling pet bird known for its ability to mimic human speech.
6. A farm animal known for producing wool and bleating sounds.
10. A nocturnal flying mammal known for its echolocation abilities.
11. A graceful marine creature often associated with leaping out of the water.
12. A type of colorful and lively pet that lives in an underwater tank.

Clue 1

Clue 2

Clue 3

Clue 4

Clue 5

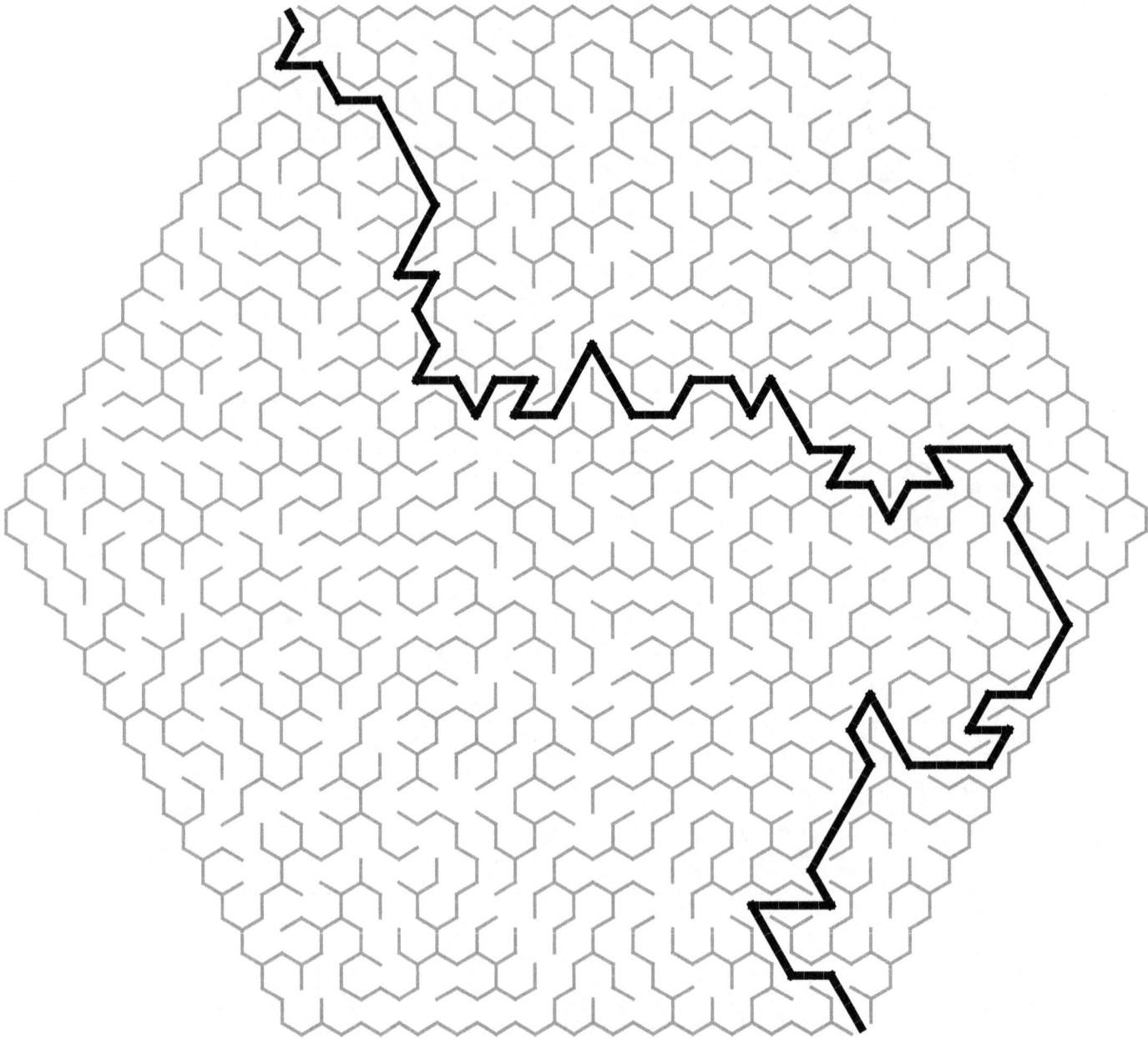

Puzzle 1 (Easy, difficulty rating 0.34)

8	1	6	9	7	2	3	5	4
2	7	4	5	3	6	9	1	8
3	9	5	8	1	4	2	7	6
1	6	2	7	8	9	4	3	5
5	3	8	4	6	1	7	2	9
9	4	7	2	5	3	6	8	1
6	8	1	3	4	7	5	9	2
7	5	9	6	2	8	1	4	3
4	2	3	1	9	5	8	6	7

Puzzle 2 (Easy, difficulty rating 0.35)

2	9	7	8	5	1	6	4	3
8	5	4	3	6	7	9	1	2
6	1	3	9	4	2	7	8	5
5	7	1	6	2	9	8	3	4
4	8	2	1	7	3	5	9	6
3	6	9	5	8	4	2	7	1
1	2	5	4	9	8	3	6	7
7	3	8	2	1	6	4	5	9
9	4	6	7	3	5	1	2	8

Puzzle 3 (Hard, difficulty rating 0.73)

1	2	6	7	9	3	5	4	8
8	7	9	5	4	6	3	1	2
5	4	3	1	8	2	7	6	9
6	1	4	2	5	9	8	3	7
9	8	7	6	3	4	2	5	1
3	5	2	8	7	1	4	9	6
2	3	5	9	6	8	1	7	4
7	6	1	4	2	5	9	8	3
4	9	8	3	1	7	6	2	5

Puzzle 4 (Easy, difficulty rating 0.42)

4	5	9	2	8	6	7	3	1
6	7	1	3	4	9	2	8	5
3	8	2	1	5	7	6	9	4
9	4	3	5	6	2	1	7	8
7	1	6	8	9	4	3	5	2
8	2	5	7	3	1	4	6	9
1	6	8	9	2	3	5	4	7
5	3	7	4	1	8	9	2	6
2	9	4	6	7	5	8	1	3

Puzzle 5 (Very hard, difficulty rating 0.79)

5	4	6	7	2	3	1	9	8
8	1	3	6	9	4	5	2	7
9	7	2	5	1	8	6	4	3
6	5	7	1	3	2	4	8	9
2	8	1	4	7	9	3	5	6
3	9	4	8	5	6	7	1	2
7	6	5	9	8	1	2	3	4
4	2	8	3	6	5	9	7	1
1	3	9	2	4	7	8	6	5

Puzzle 6 (Medium, difficulty rating 0.50)

6	2	7	5	9	1	8	4	3
5	1	3	4	2	8	9	7	6
8	9	4	3	6	7	1	2	5
2	8	9	1	5	4	3	6	7
4	5	6	9	7	3	2	8	1
7	3	1	2	8	6	5	9	4
9	4	2	7	1	5	6	3	8
3	6	5	8	4	2	7	1	9
1	7	8	6	3	9	4	5	2

Puzzle 7 (Easy, difficulty rating 0.31)

2	9	4	6	7	3	8	5	1
6	1	7	8	2	5	3	4	9
5	8	3	1	9	4	7	2	6
1	2	6	5	8	9	4	7	3
9	3	8	2	4	7	6	1	5
7	4	5	3	1	6	2	9	8
4	7	1	9	6	8	5	3	2
3	6	9	4	5	2	1	8	7
8	5	2	7	3	1	9	6	4

Puzzle 8 (Hard, difficulty rating 0.74)

7	3	8	2	1	4	5	6	9
9	4	5	7	6	8	1	2	3
2	6	1	3	5	9	8	4	7
3	1	9	4	7	6	2	5	8
6	7	4	5	8	2	3	9	1
8	5	2	1	9	3	4	7	6
4	8	7	9	3	5	6	1	2
5	9	3	6	2	1	7	8	4
1	2	6	8	4	7	9	3	5

Puzzle 9 (Medium, difficulty rating 0.53)

9	5	6	3	8	1	7	4	2
3	7	4	6	2	9	8	1	5
1	8	2	5	7	4	3	6	9
4	1	5	2	3	8	6	9	7
8	2	9	1	6	7	4	5	3
6	3	7	9	4	5	1	2	8
5	9	8	4	1	3	2	7	6
2	4	3	7	5	6	9	8	1
7	6	1	8	9	2	5	3	4

Puzzle 10 (Hard, difficulty rating 0.65)

6	5	4	8	7	9	2	3	1
7	2	9	3	6	1	5	8	4
1	8	3	4	2	5	7	9	6
5	4	7	2	1	8	9	6	3
3	9	2	5	4	6	8	1	7
8	6	1	9	3	7	4	2	5
9	1	5	6	8	4	3	7	2
2	7	8	1	5	3	6	4	9
4	3	6	7	9	2	1	5	8

Puzzle 11 (Medium, difficulty rating 0.57)

9	6	2	5	4	7	8	1	3
8	7	1	3	9	2	5	6	4
5	3	4	6	1	8	7	2	9
7	5	9	2	6	4	3	8	1
3	4	6	8	5	1	9	7	2
1	2	8	7	3	9	4	5	6
6	8	7	4	2	3	1	9	5
4	1	5	9	8	6	2	3	7
2	9	3	1	7	5	6	4	8

Puzzle 12 (Medium, difficulty rating 0.59)

7	3	8	4	6	2	1	5	9
6	5	9	1	7	8	3	2	4
1	2	4	9	5	3	7	6	8
3	9	7	6	1	5	8	4	2
4	6	1	8	2	7	5	9	3
2	8	5	3	9	4	6	1	7
9	7	6	2	8	1	4	3	5
8	4	2	5	3	6	9	7	1
5	1	3	7	4	9	2	8	6

Puzzle 13 (Medium, difficulty rating 0.51)

9	2	8	5	7	6	1	4	3
3	7	1	4	2	8	9	5	6
6	4	5	1	9	3	7	2	8
1	3	2	9	5	4	8	6	7
7	6	9	2	8	1	4	3	5
5	8	4	3	6	7	2	1	9
8	1	6	7	3	2	5	9	4
4	5	3	8	1	9	6	7	2
2	9	7	6	4	5	3	8	1

Puzzle 14 (Medium, difficulty rating 0.54)

3	1	7	8	5	6	4	2	9
6	5	2	4	9	7	1	8	3
8	9	4	2	1	3	7	6	5
4	6	9	5	2	1	3	7	8
1	2	8	3	7	9	5	4	6
5	7	3	6	4	8	9	1	2
7	4	6	9	3	2	8	5	1
2	3	1	7	8	5	6	9	4
9	8	5	1	6	4	2	3	7

Puzzle 15 (Medium, difficulty rating 0.59)

3	8	2	4	7	6	9	5	1
6	4	1	2	5	9	3	8	7
7	5	9	1	3	8	2	4	6
1	6	8	7	9	4	5	3	2
4	3	7	5	1	2	8	6	9
2	9	5	8	6	3	7	1	4
8	7	3	6	2	1	4	9	5
9	2	6	3	4	5	1	7	8
5	1	4	9	8	7	6	2	3

Puzzle 16 (Easy, difficulty rating 0.45)

9	6	4	7	3	1	8	5	2
2	1	8	4	5	9	7	3	6
5	3	7	6	2	8	9	1	4
1	8	3	2	7	5	4	6	9
4	9	5	1	8	6	3	2	7
6	7	2	9	4	3	5	8	1
8	4	1	5	6	7	2	9	3
3	2	9	8	1	4	6	7	5
7	5	6	3	9	2	1	4	8

Puzzle 17 (Easy, difficulty rating 0.34)

2	7	3	1	4	9	6	5	8
8	9	1	5	6	2	7	4	3
4	5	6	7	3	8	1	2	9
6	3	7	8	5	4	2	9	1
1	8	9	3	2	6	5	7	4
5	2	4	9	7	1	3	8	6
7	1	8	2	9	3	4	6	5
3	6	2	4	8	5	9	1	7
9	4	5	6	1	7	8	3	2

Puzzle 18 (Easy, difficulty rating 0.42)

8	5	4	9	7	3	1	2	6
6	7	9	1	8	2	3	4	5
2	1	3	6	5	4	7	9	8
7	6	2	3	4	1	8	5	9
1	9	5	8	2	6	4	3	7
3	4	8	7	9	5	6	1	2
9	3	1	2	6	7	5	8	4
4	2	7	5	1	8	9	6	3
5	8	6	4	3	9	2	7	1

Printed in Great Britain
by Amazon